klar Matura

Vorwissenschaftliche Arbeit

Adelheid Schreilechner
Günter Maresch

Jugend & Volk

Mit Schreiben vom Bundesministerium für Bildung und Frauen, GZ BMBF-5.001/0023-B/8/2015 vom 13. März 2015, als für den Unterrichtsgebrauch an allgemein bildenden höheren Schulen für die 7.–8. Klasse im Unterrichtsgegenstand Deutsch (fächerübergreifend) empfohlen. Aktualisiert mit der GZ BMBF-5.021/0042-IT/3/2016 vom 12. September 2016.

KOPIEREN VERBOTEN

Bildnachweis

Bundesministerium für Bildung, Wien: 8.1
Fachhochschule Salzburg GmbH, Puch/Salzburg: 80 (alle)
Linde Verlag, Wien: 127.1
new media gmbh, Nürnberg: 66.2
Universitätsbibliothek Salzburg, Salzburg: 63 (beide), 64.1
Verlag Jungbrunnen GmbH, Wien: 66.1

Nach den Regeln der neuen Rechtschreibung 2009.

Jugend & Volk

Schulbuch-Nr. **175547**
Schreilechner, Maresch
klar_Matura Vorwissenschaftliche Arbeit

ISBN 978-3-7100-3639-2

www.jugendvolk.at

Fachliche Beratung Naturwissenschaften: Mag. Eveline Maitz
Umschlaggestaltung: AV+Astoria Druckzentrum Prepress, Friedrich Nussbaumer
Layout: Astrid Sitz
Illustrationen: Punkt für Punkt GmbH · Mediendesign, D-40549 Düsseldorf
Lektorat: Mag. Verena Hauser
Druck: Westermann Druck Zwickau GmbH

Inhalt

Legende:

Kernaussage: Hier finden Sie zentrale Aspekte von einzelnen Abschnitten oder Kapiteln kompakt zusammengefasst.

UNSER TIPP:

In dieser Kategorie geben wir Ihnen ganz konkrete Anregungen zur Umsetzung einzelner Arbeitsschritte.

ÜBUNG

In den Übungsteilen finden Sie passend zu den jeweiligen Theoriekapiteln Übungen, um die Inhalte zu festigen oder Anregungen gleich selbst auszuprobieren.

BEISPIEL

Im Text finden Sie immer wieder Beispiele aus verschiedensten inhaltlichen Gebieten, die sich auf unterschiedliche Arbeitsphasen beziehen.

Liebe Schülerin, lieber Schüler!

Sie sind in der 7. Klasse AHS? In Ihrer Klasse fällt immer öfter die Abkürzung „VWA“? Ihre Lehrer/-innen reden häufig von der vorwissenschaftlichen Arbeit? Offensichtlich rückt die Reifeprüfung in greifbare Nähe. Die VWA ist der erste Vorbote.

Sie haben im Laufe Ihrer Schulkarriere vieles gelernt, das Sie nun hervorragend brauchen können, zum Beispiel sich sachlich ausdrücken, zu Inhalten recherchieren, aus Fachtexten exzerpieren, ein Referat erstellen und vortragen. Aber für die VWA möchten Sie sich Anregungen und Hilfe holen. Schließlich beschäftigen Sie Fragen wie:

Dieses Buch begleitet Sie Schritt für Schritt bei der Planung, Vorbereitung und Umsetzung der VWA. Es beschreibt in chronologischer Reihenfolge alle Arbeitsphasen, gibt verschiedenste Anregungen für die Durchführung – und ist zugleich Modell.

Lassen Sie sich von diesem Buch in eine (vor-)wissenschaftliche Welt entführen, die sich um eine objektive und beobachtbare Darstellung bemüht, deren Sprache sachlich ist, die sich auf Quellen und Belege beruft, indem sie Fachliteratur und Gesetzestexte zitiert. Inhalts-, Quellen- und Abbildungsverzeichnisse bieten Überblick und Orientierung und gewährleisten eine wissenschaftliche Redlichkeit, die auch Sie in Ihrer vorwissenschaftlichen Arbeit zeigen müssen. Die gewissenhafte formale Gestaltung von der Nummerierung der Abbildungen bis hin zu einer einheitlichen Zitierweise zeigt Ihnen, wie Ihre Arbeit ausschauen muss! Im Anschluss an die einzelnen Kapitel finden sich Übungen, anhand derer Sie festigen können, was Sie gerade gelesen haben.

Der Einstieg ist vielleicht nicht ganz einfach, aber auch Rom wurde nicht an einem Tag gebaut. Gehen Sie Schritt für Schritt vor und lassen Sie sich dabei von diesem Buch begleiten – Abschauen und Nachmachen ist ausdrücklich erwünscht!

Viel Freude beim Eintauchen in eine neue Welt und viel Erfolg bei Ihrem ersten Ausflug in die Wissenschaft!

Adelheid Schreilechner & Günter Maresch

1. Einleitung

Seit dem Schuljahr 2014/15 wird die Reifeprüfung nach dem folgenden Drei-Säulen-Modell durchgeführt (vgl. Internetquelle [1]; § 35 Abs. 2 RPVO):

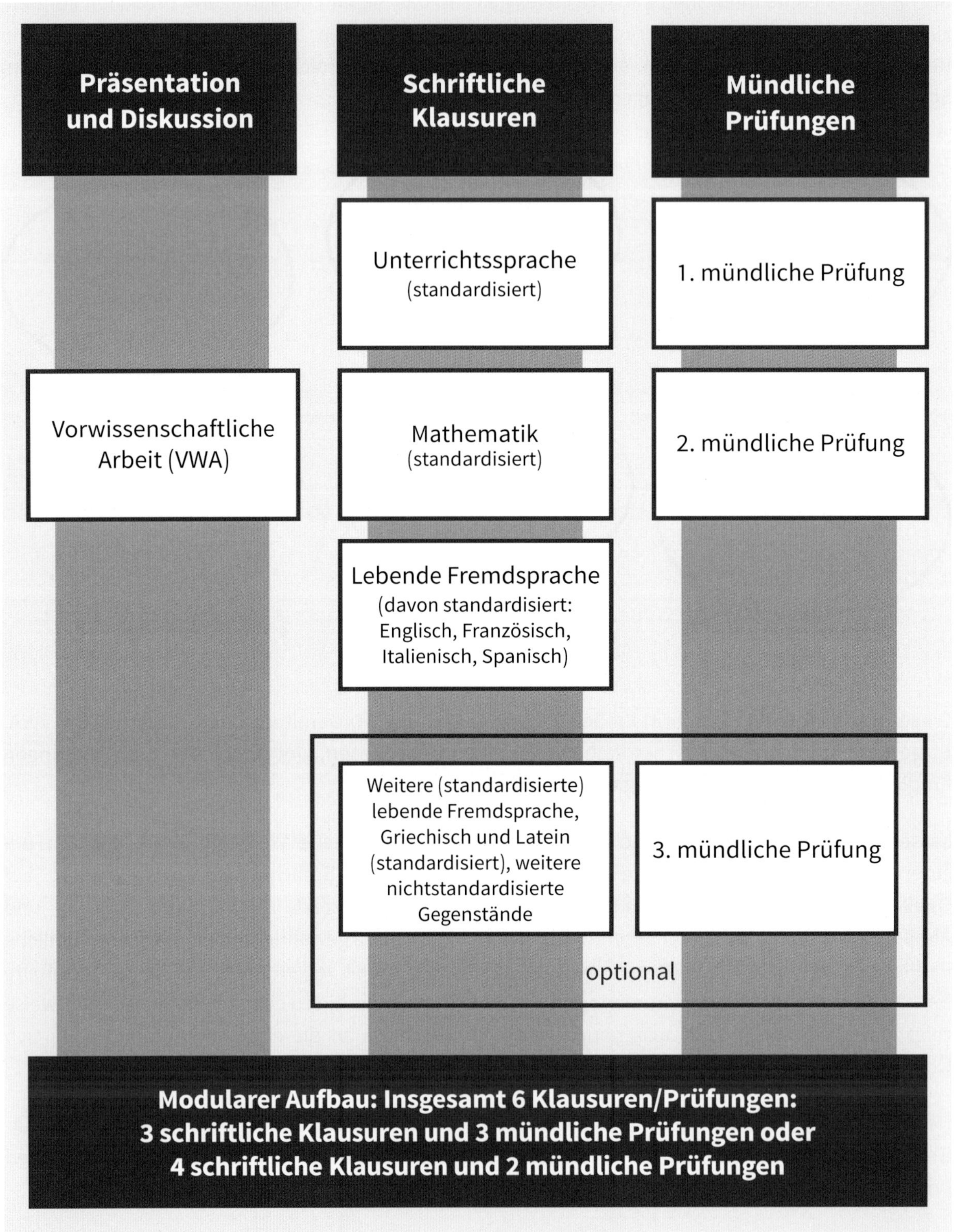

Abbildung 1: *Das Drei-Säulen-Modell der (teil-)standardisierten kompetenzorientierten Reifeprüfung (vgl. Bundesinstitut für Bildungsforschung, Innovation & Entwicklung des österreichischen Schulwesens/BIFIE 2011: 1)*

Die erste Säule ist die vorwissenschaftliche Arbeit (vgl. Internetquelle [1]; § 2 Abs. 3 RPVO). Sie ermöglicht es Ihnen, Ihre individuellen Interessen im Rahmen der Reifeprüfung zu bearbeiten. Gleichzeitig ist mit dem Anspruch, eine Arbeit auf „vorwissenschaftlichem" Niveau zu verfassen (vgl. Internetquelle [1]; § 7 und § 8 Abs. 1 RPVO), ein großer und wichtiger Schritt in Richtung allgemeine Studierfähigkeit verbunden. Mit großer Wahrscheinlichkeit werden auch Sie wie die überwiegende Mehrheit der AHS-Maturantinnen und -Maturanten an eine Universität oder Fachhochschule wechseln und dort unterschiedliche Kompetenzen[1] benötigen, die Sie im Rahmen der VWA entwickeln und zeigen können: Dazu gehören Sachkompetenz, Selbst- und Methodenkompetenz bis hin zu Sozialkompetenz. Außerdem sind wesentliche Fähigkeiten des Projektmanagements gefragt. Sie brauchen einen guten Zeitplan und müssen über einen längeren Zeitraum Selbstständigkeit im Entwickeln, Verfolgen und Kommunizieren von Arbeitsschritten zeigen. Des Weiteren brauchen Sie die Fähigkeit, zu recherchieren, Inhalte miteinander in Verbindung zu bringen, konsequent und sorgfältig zu arbeiten und die eigenen Arbeitsprozesse gut nachvollziehbar zu dokumentieren, zum Beispiel in Versuchsprotokollen oder durch Quellenangaben.

Schreibkompetenz und zuletzt auch die Fähigkeit zur Gestaltung eines ansprechenden, seriösen Layouts sind unerlässlich für die erfolgreiche Fertigstellung der Arbeit.

Viele dieser Fähigkeiten und Fertigkeiten erwerben Sie in sämtlichen Unterrichtsfächern, aufbauend vor allem in der Sekundarstufe II. Der Anspruch zur Abfassung einer vorwissenschaftlichen Arbeit entspricht also ganz der neuen *kompetenzorientierten* Reifeprüfung, geht es hier doch darum, nachhaltig erworbene Kompetenzen zusammenzuführen und anzuwenden. Eine Fülle von Erklärungen, Beispielen und Anregungen in den folgenden Kapiteln wird Sie dabei unterstützen.

Die zweite Säule der neuen Reifeprüfung ist die schriftliche Reifeprüfung. Sie wird in Deutsch, Mathematik, Englisch und mit wenigen Ausnahmen auch in den weiteren lebenden Fremdsprachen sowie in den alten Sprachen *zentral gestellt*. Das bedeutet, dass Sie zum selben schriftlichen Reifeprüfungstermin mit allen österreichischen Schülerinnen und Schülern Ihres Abschlussjahrgangs identische Aufgabenstellungen erhalten (vgl. Internetquelle [1]; § 11–13 RPVO).

Für die dritte Säule – die mündliche Reifeprüfung (vgl. Internetquelle [1]; § 2 Abs. 3) – werden in sämtlichen Fachgruppen an den einzelnen Standorten Themenpools erstellt (vgl. Internetquelle [1]; § 28 Abs. 1 RPVO), die bis zu 24 unterschiedliche Themenbereiche (TB) beinhalten. Die Zahl der Themenbereiche richtet sich nach der Anzahl der Unterrichtsstunden, die ein Fach in der Oberstufe unterrichtet wird. Sie ziehen zwei Themenbereiche und legen nach Wahl einen zurück. Ihre Lehrerin/Ihr Lehrer stellt Ihnen eine von mindestens zwei vorbereiteten Prüfungsfragen aus dem von Ihnen gewählten Themenbereich. (Vgl. Internetquelle [1]; § 29 Abs. 1–5 RPVO)
Abbildung 2 stellt den Ablauf der mündlichen Reifeprüfung beispielhaft für das Fach „Darstellende Geometrie" dar.

[1] § 8 Abs. 1 des Bundesgesetzblattes der 174. Verordnung von 2012 definiert dazu Folgendes: „Bei der Themenfestlegung ist zu beachten, dass neben umfangreichen Fachkenntnissen auch vorwissenschaftliche Arbeitsweisen unter Beweis gestellt werden sollen. Dafür ist erforderlich, dass unterschiedliche Informationsquellen unter sachgerechter Nutzung sowie der Einsatz neuer Medien und geeigneter Lern- und Arbeitstechniken zielführende Aufschlüsse über den Themenbereich zulassen. Zusammenhängende Sachverhalte sollen selbstständig mit geeigneten Methoden erfasst und unter Zugrundelegung logischer Denkweisen sinnvoll hinterfragt und kritisch problematisiert werden können. Sowohl die schriftliche Arbeit als auch die Präsentation und Diskussion sollen Gelegenheit geben, neben klarer Begriffsbildung auf hohem Niveau differenziertes Ausdrucksvermögen, umfangreiche Kenntnisse, Methodik, Selbstständigkeit sowie Kommunikations- und Diskursfähigkeit unter Beweis zu stellen." (Internetquelle [1]; § 8 Abs. 1 RPVO)

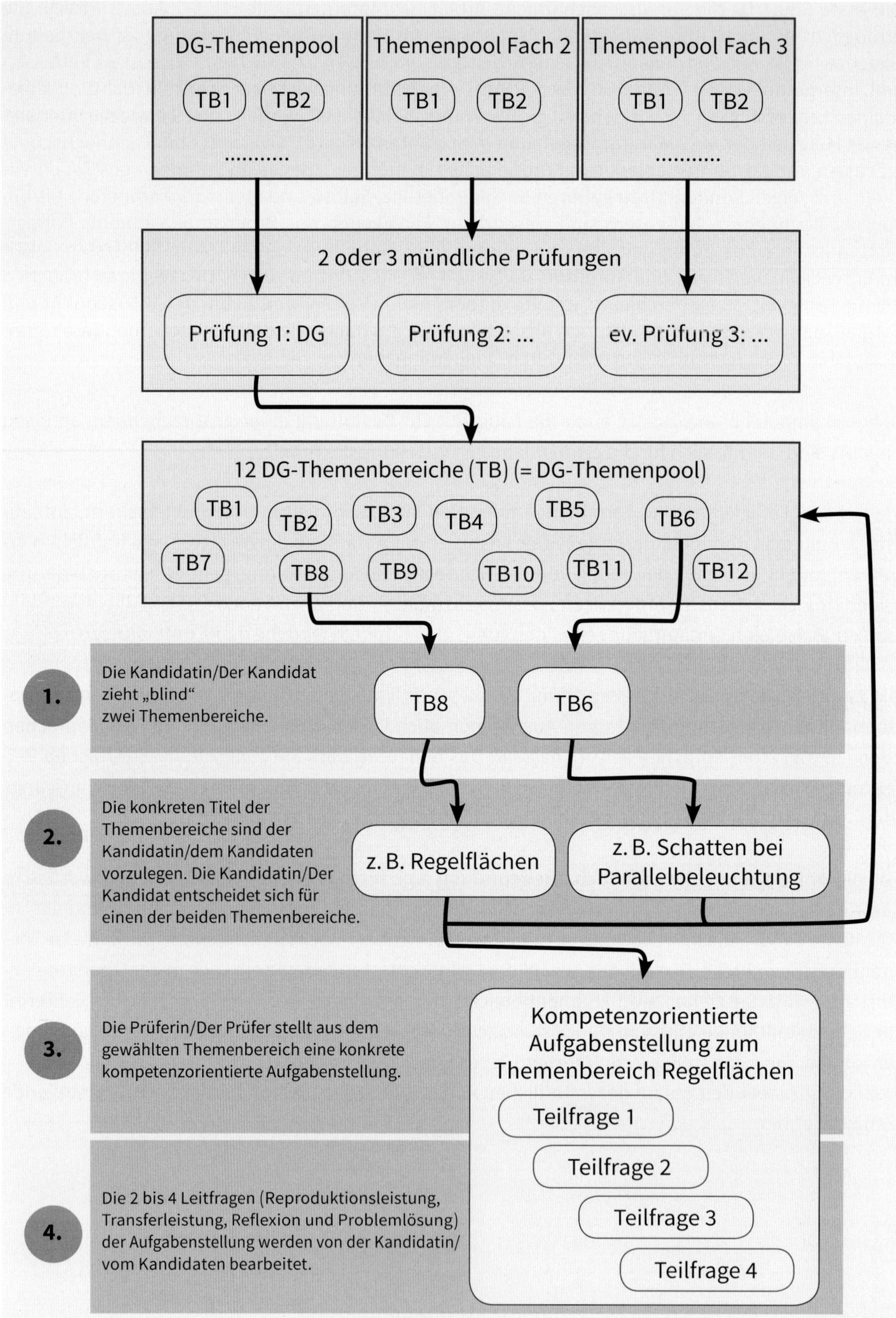

Abbildung 2: *Ablauf der mündlichen Reifeprüfung anhand eines Beispiels im Fach „Darstellende Geometrie“ (Grafik: G. Maresch, vgl. bm:ukk 10/2012: 8; aktualisiert durch Verlag Jugend & Volk 2016)*

Wie Sie die VWA, also die erste Säule der neuen Reifeprüfung, erfolgreich bewältigen können, das zeigt Ihnen das vorliegende Buch. Sie finden darin für alle Phasen der Arbeit konkrete und gut nachvollziehbare Arbeitsschritte, Beispiele und Übungen.

2. Ansprüche an die vorwissenschaftliche Arbeit

Die VWA als erste Säule der neuen (teil-)standardisierten kompetenzorientierten Reifeprüfung ist für alle Schüler/innen seit dem Hauptprüfungstermin des Schuljahres 2014/15 verpflichtend (vgl. Internetquelle [1]; § 235 Abs. 1 RPVO). Die Ansprüche, die damit an Sie gestellt werden, sind folgendermaßen festgelegt: Der Fließtext der Arbeit darf höchstens ca. 60 000 Zeichen inklusive Leerzeichen und Abstract[1] umfassen (vgl. Internetquelle [11]).[2] Vorwort und Verzeichnisse zählen nicht als Teil der Arbeit. Wenngleich es keinen definierten Mindestumfang gibt, muss Ihre schriftliche Darstellung entsprechend der Themenstellung tiefgehend und ausführlich sein.

Die Arbeit, die Sie erstellen, wird also als „vorwissenschaftlich" bezeichnet. Schüler/innen sind im Allgemeinen noch keine Wissenschaftler/innen. Spätestens bei der Erstellung der VWA lernen Sie aber die Regeln des wissenschaftlichen Arbeitens.

Was genau ist denn nun wissenschaftliches Arbeiten? Yomb May (2010: 13) bietet dazu folgende Definition an:

> „Wissenschaftliches Arbeiten ist ein theoretischer und/oder praktischer Erkenntnisprozess mit dem Ziel, die Ergebnisse in Form einer wissenschaftlichen Arbeit zu dokumentieren. Diese muss in jeder Hinsicht regelkonform sein und das selbständige Denken des Verfassers belegen."

Ihre Aufgabe ist es also, in einem geplanten Ablauf Erkenntnisse zu einer Fragestellung zu gewinnen. Diese Erkenntnisse beruhen auf Literaturstudium, sie können aber auch durch Experimente, durch Befragungen von Expertinnen und Experten oder durch die Arbeit mit Quellen gewonnen werden. Dabei gelten die folgenden Regeln:

- Die Methoden müssen zur Fragestellung passen.
- Die Untersuchung braucht einen systematischen Plan.
- Die Ergebnisse sind zu sammeln und in eine klar strukturierte Darstellung zu bringen.
- Für die Leser/innen der Arbeit müssen die dargestellten Erkenntnisse eindeutig nachvollziehbar sein, sowohl in ihrer Entstehung als auch in der Darstellung.
- Für die schriftliche Ausarbeitung gibt es klare inhaltliche und formale Kriterien.

Das heißt, für Sie gelten die Prinzipien des wissenschaftlichen Arbeitens und Sie setzen diese auch um, jedoch gilt für alle Phasen der Arbeit der Anspruch an die Anfängerin/den Anfänger. Dazu ein paar Beispiele:

- Sie müssen eine Fragestellung als Ausgangspunkt definieren, diese kann aber beschränkt sein und erhebt keine Anspruch auf neue Erkenntnisse.
- Sie müssen die geeignete Methode für Ihre Arbeit finden; das kann zum Beispiel die Zusammenführung bereits publizierter, also veröffentlichter, Untersuchungsergebnisse sein, Sie müssen keine eigenen Untersuchungen durchführen.

[1] Erklärungen und Hinweise zum Abstract finden Sie in Kapitel 6.5. auf Seite 107.
[2] Die ursprüngliche Mindestzeichenzahl von 40 000 wurde mit dem Schuljahr 2016/17 abgeschafft.

- Es wird von Ihnen erwartet, dass Sie relevante und zitierfähige Literatur für Ihre Fragestellung verwenden (was man darunter versteht, erfahren Sie in Kapitel 6.2.); Sie müssen aber nicht die gesamte aktuelle Literatur zum Thema aufarbeiten.
- Sie müssen das Prinzip der Quellenkritik einhalten, also mehrere Quellen für Ihre Ausführungen heranziehen, um durch den Vergleich inhaltliche Sicherheit zu bekommen. Außerdem müssen Sie die Qualität der verwendeten Quellen prüfen. Aber Sie müssen nicht die gesamte relevante Literatur zum Thema in Ihren Ausführungen darlegen.
- Sie müssen ein Literatur- und Quellenverzeichnis erstellen, das darf sich aber durchaus auf eine Handvoll gut ausgewählter und einheitlich zitierter Literatur und Quellen beschränken. Während Sie im Literaturverzeichnis verwendete Werke nach ganz bestimmten Regeln anführen (vgl. dazu Kapitel 6.4.5.), geben Sie im Quellenverzeichnis einen ganz genauen Überblick über andere verwendete Quellen, zum Beispiel Internetseiten, Abbildungen oder Archivmaterial.

Die VWA besteht nicht nur aus dem schriftlichen Teil, sondern Sie präsentieren diese im Rahmen der Reifeprüfung in sprachlich angemessener Form und stellen sie damit vor der Prüfungskommission zur Diskussion.[3] Wie zu allen anderen Phasen Ihrer Arbeit finden Sie auch dazu in den folgenden Kapiteln Richtlinien, Empfehlungen, Handlungsanleitungen, Methoden und Übungen, die Ihre Arbeit erleichtern. Am Beginn stehen aber gewissenhafte Vorüberlegungen und eine umsichtige Planungsphase.

Ein Überblick über die Bestimmungen zur VWA:

Wer muss eine VWA schreiben?	Die Erstellung einer VWA ist im Rahmen der neuen Reifeprüfung für alle Schüler/innen verpflichtend.
Wie groß ist der Umfang einer VWA?	Höchstens ca. 60 000 Zeichen (inkl. Leerzeichen und Abstract)
Was bedeutet „(vor-)wissenschaftliches Arbeiten“?	(Vor-)wissenschaftliches Arbeiten ... ... ist ein theoretischer und eventuell auch praktischer Erkenntnisprozess. ... umfasst die Dokumentation des Erkenntnisprozesses. ... belegt selbstständiges Denken der Verfasserin/des Verfassers. ... inkludiert Literatur- und Quellenstudium. ... kann zusätzlich auch die Durchführung von Experimenten, Konstruktionen, Befragungen u.v.m. umfassen. ... benötigt gutes Projektmanagement und einen realistischen Plan. ... setzt die Nachvollziehbarkeit der gewonnenen und dargestellten Erkenntnisse voraus. ... verlangt die Einhaltung formaler Kriterien.

[3] „Sowohl die schriftliche Arbeit als auch die Präsentation und Diskussion sollen Gelegenheit geben, neben klarer Begriffsbildung auf hohem Niveau differenziertes Ausdrucksvermögen, umfangreiche Kenntnisse, Methodik, Selbstständigkeit sowie Kommunikations- und Diskursfähigkeit unter Beweis zu stellen.“ (Internetquelle [1]; § 8 Abs. 1 RPVO)

3. Planung und Vorbereitung

Je besser Sie die VWA bereits im Vorfeld planen, umso leichter wird Ihnen die Umsetzung fallen. Der Gesetzestext gibt den Zeitrahmen für die Themenfestlegung vor.[1]

Konkret haben Sie als angehende Maturantin/angehender Maturant die Aufgabe,

- in der 7. Klasse ein Thema zu finden,
- es mit der Lehrerin/dem Lehrer zu besprechen, die/der Ihre Arbeit betreuen soll (= Betreuungsperson),
- die Arbeit bis zu Beginn des 2. Semesters der Abschlussklasse zu schreiben
- und diese anschließend im Rahmen der Matura zu präsentieren.

3.1. Zeit- und Projektplan

Als Frist für die Themenfixierung mit der Betreuungsperson ist Ende Jänner des vorletzten Schuljahres vorgesehen. Für die Einreichung formulieren Sie die Themenstellung der Arbeit, Sie definieren die Fragestellung und einen Erwartungshorizont, in dem Sie die Themenwahl begründen, Ihren Wissensstand beschreiben und die Methoden nennen, anhand derer Sie Ihre Arbeit durchführen möchten. Unter Umständen können Sie auch einen Hinweis auf mögliche Ergebnisse geben. Für die Ausarbeitung des Erwartungshorizonts bietet sich ein Exposé an. Wie Sie dabei vorgehen können, erfahren Sie in Kapitel 4.3. Die Themeneinreichungen werden der Schulaufsichtsbehörde erster Instanz bis Ende März vorgelegt und dort bis spätestens Ende April des vorletzten Schuljahres genehmigt. Bei Ablehnung eines Themas wird eine Nachfrist gesetzt, innerhalb derer ein neues Thema vorgelegt werden kann. (Vgl. Internetquelle [1]; § 8 Abs. 2 RPVO) Spätestens im Mai des vorletzten Schuljahres ist die Themenstellung also fixiert. Bis zur Abgabe der Arbeit in der ersten Unterrichtswoche des 2. Semesters im letzten Schuljahr haben Sie ca. zehn Monate für die Umsetzung des Projekts Zeit. Damit Themenfindung, Wahl der Betreuerin/des Betreuers, Vereinbarungen, Durchführung und Präsentation gelingen, braucht es vorausschauendes Handeln, zeitgerechtes Planen und sorgfältige Überlegungen.
Die einzelnen Arbeitsphasen sind im folgenden Projektplan in chronologischer Abfolge detailliert dargestellt.

Phase	Konkrete Arbeitsschritte	Zeithorizont	Meilensteine[2]
1. Themenfindung/ Festlegung der Betreuungsperson (vgl. Kap. 3–5)	Erste inhaltliche Überlegungen, Gespräche mit möglichen Betreuungspersonen, Fixierung der Betreuungsperson, Entwicklung der konkreten Fragestellung, Erstellung des Exposés, Einreichung der Themenstellung	Wintersemester 7. Klasse, Deadline: Ende März im vorletzten Schuljahr	✓ Fragestellung ✓ Betreuer/in ✓ Exposé ✓ Einreichung des Themas
2. Recherchearbeit (vgl. Kap. 6.2.–6.2.4.)	Recherche von Materialarten und -orten (welche Quellen kann ich verwenden und wo kann ich sie finden?), Literatur- und Internetrecherche, Erstellung einer Bibliografie, ggf. Definition von Versuchsanordnungen und Interviewpartnerinnen bzw. -partnern, Erstellung eines Fragebogens bzw. Interviewleitfadens; Erstellung eines Konzepts	Sommersemester 7. Klasse	✓ Bibliografie (= Literaturliste) ✓ Versuchsanordnungen ✓ Interviewpartner/-innen ✓ Fragebogen bzw. Interviewleitfaden ✓ Materialorte ✓ Konzept

[1] „Die Themenfestlegung hat im Einvernehmen zwischen der Betreuerin oder dem Betreuer der vorwissenschaftlichen Arbeit und der Prüfungskandidatin oder dem Prüfungskandidaten im ersten Semester der vorletzten Schulstufe zu erfolgen." (Internetquelle [1]; § 8 Abs. 1)

[2] Unter Meilensteinen versteht man im Projektmanagement klar definierte Zwischenziele auf dem Weg zum Projektergebnis.

3. Inhaltliche Arbeit/ Forschungstätigkeit (vgl. Kap. 6.2.5.–6.3.2.)	Literatur- und Quellenstudium, Experimente, Archivbesuche, Datensammlung, Dokumentation von Ergebnissen und Beobachtungen (Exzerpte, Transkripte, Protokolle); Datenauswertung	Sommerferien, Deadline: September in der 8. Klasse	✓ Inhaltliche Ergebnisse für die Beantwortung der Fragestellung
4. Verfassen der Arbeit (vgl. Kap. 6.4.–6.6.2.)	Schreiben der Arbeit entlang des Konzepts und auf der Basis der gewonnenen Ergebnisse, Inhalts- und Quellenverzeichnisse, Abbildungsverzeichnis, Abstract	Oktober–November in der 8. Klasse	✓ Manuskript
5. Überarbeitungs- und Korrekturphase (vgl. Kap. 7–7.1.)	Überprüfung und Überarbeitung der eigenen Arbeit; Korrekturlesen der Arbeit durch außenstehende Person; Korrektur, Prüfung und Einarbeitung der Korrekturen	Dezember in der 8. Klasse	✓ Korrigierte Arbeit
6. Formatieren und Binden (vgl. Kap. 7.2.)	Grafische Gestaltung der Arbeit (klare Kapitelgliederung, übersichtliche Verzeichnisse, sinnvolle Seitenumbrüche), Binden der Arbeit, digitale Abspeicherung der Arbeit	Anfang Jänner der 8. Klasse	✓ Fertige Arbeit auf digitalem Datenträger und gebunden
7. Abgabe der Arbeit	Abgabe der Arbeit in doppelter Ausfertigung und in digitaler Form	Erste Unterrichtswoche nach den Semesterferien	✓ Arbeit liegt der Prüferin/dem Prüfer vor und wird von ihr/ihm anhand der Plagiatssoftware überprüft
8. Begutachtung und Beschreibung der Arbeit durch Prüfer/in (vgl. Kap. 10)	Arbeit wird von der Betreuungsperson entlang der Beurteilungskriterien bewertet und beschrieben	Innerhalb von drei Wochen nach Abgabe, bis Mitte März	✓ Beschreibung der schriftlichen Arbeit
9. Beratungsgespräch zw. Kandidat/in und Prüfer/in (vgl. Kap. 8.1.)	Betreuungsperson gibt der Kandidatin/dem Kandidaten Rückmeldung und berät im Hinblick auf die mündliche Präsentation	März	✓ Kandidat/in hat Rückmeldung zum schriftlichen Teil der Arbeit, verfügt über Anregungen für die Präsentation
10. Präsentation und Diskussion (vgl. Kap. 8.2.–9.2.)	Erarbeiten der Präsentation auf der Basis des Beratungsgesprächs mit Betreuer/in, Präsentation der Arbeit im Rahmen des festgelegten Termins, Diskussion der Arbeit im Anschluss an die Präsentation, Beantwortung von Fragen der Mitglieder der Prüfungskommission; Kommission fasst Leistungen der schriftlichen Arbeit, der Präsentation und der Diskussion zusammen und kommt zu einer Note	April–Mai (Termin wird von Schulbehörde 1. Instanz festgelegt)	✓ Präsentation ✓ Beantwortung spontaner Fragen der Kommission durch die Kandidatin/den Kandidaten ✓ Note

ÜBUNG

Zeitplan

Benutzen Sie den folgenden Raster, um einen individuellen Zeitplan für Ihre Arbeit zu erstellen. Wählen Sie aus den oben angeführten Arbeitsschritten diejenigen aus, die für Ihre Arbeit notwendig sind, ergänzen Sie sie, falls nötig. Passen Sie die Zeitangaben Ihren persönlichen Möglichkeiten und Vereinbarungen an und setzen Sie die für Sie gültigen Fristen ein.

Verwenden Sie diesen Raster und haken Sie die einzelnen Meilensteine erst ab, wenn Sie sie erledigt haben! Streichen Sie gegebenenfalls Meilensteine, die für Ihre Arbeit nicht nötig sind.

Phase	Konkrete Arbeitsschritte	Zeithorizont	Meilensteine
Themenfindung/ Festlegung der Betreuungsperson			☐ Fragestellung ist fixiert ☐ Betreuer/in ist fixiert ☐ Exposé ist verfasst ☐ Arbeit ist eingereicht
Recherchearbeit			☐ Bibliografie liegt vor ☐ Versuchsanordnungen sind definiert ☐ Interviewpartnerinnen/Interviewpartner sind definiert ☐ Fragebogen bzw. Interviewleitfaden ist erstellt ☐ Materialorte sind definiert ☐ Konzept liegt vor
Inhaltliche Arbeit/ Forschungstätigkeit			☐ Inhaltliche Ergebnisse für die Beantwortung der Fragestellung liegen vor
Verfassen der Arbeit	Schreiben der Arbeit entlang des Konzepts und auf der Basis der gewonnenen Ergebnisse		☐ Manuskript liegt vor
Überarbeitungs- und Korrekturphase	Arbeit sorgfältig und in mehreren Schleifen überarbeiten, Arbeit von ________ Korrektur lesen lassen, Korrekturen einarbeiten		☐ Überarbeitete Version liegt vor
Formatieren und Binden	Grafische Gestaltung der Arbeit (klare Kapitelgliederung, übersichtliche Verzeichnisse, sinnvolle Seitenumbrüche), Binden der Arbeit, zweifache Ausfertigung, digitale Abspeicherung der Arbeit		☐ Fertige Arbeit liegt vor
Abgabe der Arbeit	Die Arbeit wird ausgedruckt und in digitaler Form abgegeben.		☐ Die Arbeit liegt der Prüferin/dem Prüfer digital und analog vor.
Begutachtung der Arbeit durch Prüfer/in	Die Arbeit wird von der Prüferin/vom Prüfer entlang der Beurteilungskriterien bewertet und beschrieben.	Innerhalb von drei Wochen nach Abgabe, bis Mitte März	☐ Beschreibung der schriftlichen Arbeit liegt vor
Beratungsgespräch zw. Kandidat/in und Prüfer/in	Die Betreuungsperson (= Prüfer/in) gibt der Kandidatin/dem Kandidaten Rückmeldung und berät im Hinblick auf die mündliche Präsentation.		☐ Kandidat/in kennt die Bewertung des schriftlichen Teils der Arbeit und ☐ verfügt über Anregungen für die Präsentation
Präsentation	Erarbeiten der Präsentation auf der Basis des Beratungsgesprächs mit Betreuer/in, Präsentation der Arbeit im Rahmen des festgelegten Termins		☐ Präsentation liegt vor ☐ Präsentation ist erfolgt

3.2. Themenwahl und Wahl der Betreuerin/des Betreuers

Ihre erste und grundlegende Frage bei der Erstellung der VWA ist diejenige nach einem konkreten Thema. Da Sie sich mit dieser Fragestellung über einen längeren Zeitraum auseinandersetzen werden, sollten Sie sorgfältig überlegen, in welchem Themenfeld Sie sich mit Freude und innerer Motivation vertiefen möchten. Anhand von Notizen über Themengebiete und Fragen, die Ihr persönliches Interesse wecken, können Sie Ihre Interessenschwerpunkte identifizieren. Eine derartige strukturierte Gedankensammlung in Schule und Unterricht und im außerschulischen Bereich über eine etwa halbjährige Zeitspanne hinweg macht bestimmte Themenfelder als persönliche Schwerpunkte sichtbar. Überlegen Sie, ob Sie für das gewählte Thema längerfristig „brennen" können, damit Ihr Feuer während der gesamten Arbeitsphase anhält.

UNSER TIPP:

Machen Sie sich regelmäßige Notizen zu potenziellen Themenfeldern! Tun Sie das bereits während des 1. Semesters der vorletzten Klasse, eventuell auch schon früher. Daraus entsteht ein Pool von möglichen Themen. Wenn Sie diese Ideen kontinuierlich bearbeiten – also konkretisieren, ergänzen, einschränken –, bereiten Sie sich hervorragend auf die anschließende Themenwahl und die Formulierung der Fragestellung vor.

ÜBUNG

Mein Wunsch-Themenbereich
Notieren Sie im folgenden Rahmen denjenigen Themenbereich, über den Sie gerne Ihre VWA schreiben möchten.

Überlegen Sie sich rechtzeitig, an wen Sie sich mit dem Thema Ihrer Wahl wenden möchten, denn „eine Lehrerin oder ein Lehrer hat grundsätzlich bis zu drei, höchstens jedoch fünf vorwissenschaftliche Arbeiten pro Reifeprüfungsjahrgang" zu betreuen (vgl. Internetquelle [1]; § 8 Abs. 1 RPVO). Empfehlenswert ist die Kontaktaufnahme bereits in der Frühphase der Themenfindung auch deshalb, damit Sie nicht ein fertig ausgearbeitetes Konzept nach dem Gespräch mit der Betreuungsperson verwerfen müssen. „Obwohl wissenschaftliches Arbeiten auf den Prinzipien Eigenständigkeit und Selbstständigkeit beruht, kann die Bedeutung der fachlichen Beratung gerade bei Prüfungs- und Abschlussarbeiten nicht genug betont werden", schreibt Yomb May (2010: 30), und weiter: „Eine abgestimmte Betreuung ist der wichtigste Faktor für den Erfolg einer wissenschaftlichen Arbeit." (Ebd.: 31) Selbstständigkeit zeigen Sie in dieser Phase, indem Sie sich eigenverantwortlich mit einem Thema beschäftigen und eigene Überlegungen zu einer oder mehreren möglichen Fragestellungen anstellen. Gleichzeitig ist die Betreuungsperson Expertin/Experte in dem jeweiligen Fachgebiet und kann als solche/r bereits in der Themenfindungsphase wertvolle Impulse geben.

BEISPIEL

Je konkreter und differenzierter die Vorüberlegungen sind, mit denen Sie sich mit der Bitte um ein Erstgespräch an eine Lehrerin/einen Lehrer wenden, umso höher ist die Wahrscheinlichkeit, dass das Thema angenommen wird. „Ich möchte irgendetwas über Probleme von Jugendlichen machen" klingt sehr beliebig, zufällig, wenig engagiert. Demgegenüber wird eine Formulierung

wie die folgende eher das zustimmende Interesse einer Lehrperson finden, die zum Beispiel das Fach PUP oder Deutsch unterrichtet: „Sekundärer Analphabetismus bei Jugendlichen: Immer wieder liest man, dass zahlreiche Jugendliche in unserem Land nach absolvierter Pflichtschulzeit nicht lesen und schreiben können. Das verstehe ich nicht und ich finde es auch erschreckend: Wie kann man sich im Leben zurechtfinden, wenn man Analphabet/in ist? Bestimmt gibt es dazu Fachliteratur und Expertinnen bzw. Experten, die ich befragen kann."
Vielleicht möchten Sie sich mit dem Thema Ernährung auseinandersetzen. Auch hier handelt es sich um ein sehr weites thematisches Feld, konkrete Vorüberlegungen wären also auch in diesem Fall nötig. Sie könnten sich mit der Frage beschäftigen, welche Nahrungsmittel die Leistungsfähigkeit steigern. Mit dieser Fragestellung, die gewiss für Sie persönlich spannende Erkenntnisse zutage bringt, würden Sie sicherlich auch auf Zustimmung seitens einer Lehrperson stoßen. Zur Bearbeitung der Fragestellung würden sich abgesehen von der Literaturrecherche auch Umfragen in der Schule zum Thema Brainfood anbieten. Ihre Arbeit könnte später sogar als Grundlage für eine Zusammenarbeit mit dem Schulbüffet dienen, das Sortiment könnte um diese Sparte erweitert werden.

Wichtig ist, dass Sie mit Ihrem Themenvorschlag authentisch und glaubwürdig sind. Wenn Sie sich grundlegende Gedanken über einen Themenbereich gemacht haben, sich mit wirklichem Interesse einem Thema nähern und dieses Interesse auch formulieren, werden Sie sich innerhalb kurzer Zeit mit einer Betreuungsperson über das konkrete Thema einigen können – sofern sie/er nicht bereits drei oder gar fünf Arbeiten zur Betreuung übernommen und damit die Betreuungsobergrenze erreicht hat.

Wer aber kommt für die Betreuung der Arbeit infrage? Der Gesetzgeber sieht vor, dass Schüler/innen ihre Betreuungsperson aus dem *gesamten* Lehrkörper des Schulstandortes auswählen können. Eine Lehrerin/ein Lehrer hat aber „nur solche vorwissenschaftliche Arbeiten zu betreuen, hinsichtlich derer sie oder er über die erforderliche berufliche oder außerberufliche (informelle) Sach- und Fachkompetenz verfügt" (Internetquelle [1]; § 8 Abs. 1 RPVO).
Demnach sind Sie bei Ihrer Wahl zwar nicht an die Klassenlehrer/innen gebunden, der Themenbereich muss aber der fachlichen Qualifikation der Lehrerin/des Lehrers entsprechen.

Folgende Überlegungen können bei der Auswahl der Betreuungsperson hilfreich sein:

- Mit welcher Lehrerin/welchem Lehrer kann ich vermutlich persönlich gut zusammenarbeiten, zum Beispiel, weil ich sie/ihn aus dem Unterricht, aus Supplierstunden, von einem bestimmten Projekt kenne und mir die Art und Weise der inhaltlichen Auseinandersetzung gefällt?
- Wer setzt sich im Lehrerkollegium schwerpunktmäßig mit welchen Bereichen auseinander? Das lässt sich zum Beispiel an Projekten erkennen, die Lehrer/innen betreuen, aber auch inhaltliche Schwerpunktsetzungen im Unterricht können vertiefte oder auch außerfachliche Expertisen offenbaren. Zu wem passt der von mir gewählte Themenbereich daher am besten?
- Wer hat zeitliche Ressourcen? Eine Lehrerin/ein Lehrer, die/der bereits einige Schüler/-innen betreut, ist möglicherweise schon ziemlich ausgelastet. Dementsprechend knapp könnten die Kapazitäten für die Betreuung sein.

Da es Fragestellungen gibt, die sich nicht eindeutig dem Fächerkanon an der Schule zuordnen lassen, ist es auch möglich, an sogenannte „fachkundige" Lehrer/innen heranzutreten, die jedoch für den gewünschten Bereich über eine fundierte Qualifikation verfügen müssen. Hier spricht das Gesetz von der „außerberufliche[n] (informelle[n]) Sach- und Fachkompetenz" (Internetquelle [1]; § 8 Abs. 1 RPVO). So kann es beispielsweise Lawinenexpertinnen/-experten geben, die einschlägige Ausbildungen absolviert haben und eine Arbeit in diesem Themenbereich möglicherweise hervorragend betreuen können. Ob eine Lehrerin/ein Lehrer tatsächlich fachkundig ist, entscheidet im Zweifelsfall die Schulleitung.

ÜBUNG

Checkliste für die Wahl der Betreuerin/des Betreuers: Wer kommt für die Betreuung infrage?

Reflexionsfragen	Platz für Ihre Antworten
In welchen Fachbereich/in welche Fachbereiche passt dieses Thema?	
Welche Lehrer/innen aus den möglichen Fächern fallen mir ein?	
Bei wem erkenne ich eine inhaltliche Schwerpunktsetzung, die zu meinem Themenbereich passt? Hat meines Wissens schon einmal eine Lehrerin/ein Lehrer an unserer Schule im engeren oder weiteren Sinn etwas zu diesem Thema gemacht (ein Projekt durchgeführt, eine Exkursion veranstaltet, im Jahresbericht dazu etwas geschrieben, eine Expertin/einen Experten eingeladen …)?	
Welcher Typ bin ich selbst? Brauche ich eine Betreuungsperson, die mir möglichst viele Freiheiten lässt, weil ich gewissenhaft und selbstständig dranbleibe? Häufiges Nachfragen würde ich eher als Einschränkung und Bevormundung empfinden. Oder brauche ich jemanden, der mir ein wenig Druck macht, weil ich allein die Disziplin kaum aufbringen kann, vor allem nicht bei langfristigen Projekten? Welche Lehrerpersönlichkeiten kommen für mich infrage?	
Von wem fühle ich mich ernst genommen und im besten Sinne gefordert? Mit wem kann ich auch in Stresssituationen gut kooperieren? Von wem kann ich auch kritisches Feedback annehmen?	
Wer hat noch Ressourcen? Weiß ich, dass eine Lehrerin/ein Lehrer schon eine oder mehrere VWAs betreut? Wer hat wahrscheinlich noch Kapazitäten?	

Folgende Personen kommen infrage:

Wenn ich alle oben formulierten Punkte in Erwägung ziehe, möchte ich die Lehrer/innen in der folgenden Reihenfolge fragen:

3.3. Erstkontakt mit der Betreuungsperson

Sobald Sie Ihr Thema und Ihre Wunschbetreuerin/Ihren Wunschbetreuer definiert haben, sollten Sie diese/diesen ehestens um ein Gespräch bitten. Sie können dies bei einer persönlichen Begegnung oder per E-Mail tun oder auch über eine schriftliche Nachricht, die Sie ins Postfach legen lassen – je nachdem, wie diese Lehrerin/dieser Lehrer üblicherweise kontaktiert wird.

Die Kontaktaufnahme mit der Lehrperson per E-Mail könnte beispielsweise folgendermaßen aussehen:

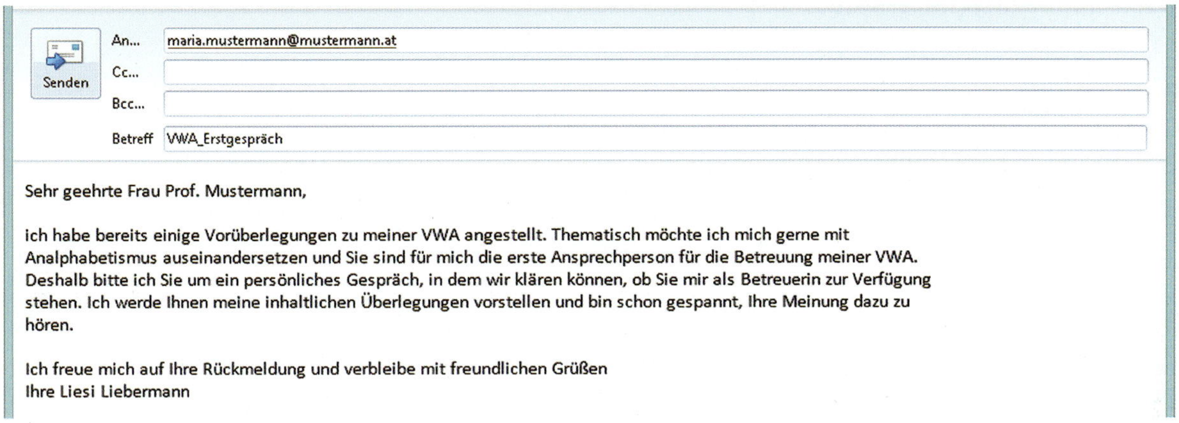

Senden
An... maria.mustermann@mustermann.at
Cc...
Bcc...
Betreff VWA_Erstgespräch

Sehr geehrte Frau Prof. Mustermann,

ich habe bereits einige Vorüberlegungen zu meiner VWA angestellt. Thematisch möchte ich mich gerne mit Analphabetismus auseinandersetzen und Sie sind für mich die erste Ansprechperson für die Betreuung meiner VWA. Deshalb bitte ich Sie um ein persönliches Gespräch, in dem wir klären können, ob Sie mir als Betreuerin zur Verfügung stehen. Ich werde Ihnen meine inhaltlichen Überlegungen vorstellen und bin schon gespannt, Ihre Meinung dazu zu hören.

Ich freue mich auf Ihre Rückmeldung und verbleibe mit freundlichen Grüßen
Ihre Liesi Liebermann

Abbildung 3: Screenshot eines möglichen E-Mails zur Erstkontaktaufnahme mit einer potenziellen Betreuungsperson einer VWA

Ziel dieses Erstgesprächs ist die Abklärung, ob eine grundsätzliche Möglichkeit zur Zusammenarbeit gegeben ist und ob sich der angedachte Themenbereich aus Sicht der Betreuungsperson für eine Bearbeitung eignet. Anregungen sollten Sie unbedingt aufgreifen und verfolgen – diese können sich auf die Konkretisierung der Fragestellung, auf den inhaltlichen Zugang, auf die Methoden, auf mögliche Quellen oder Schwerpunktsetzungen beziehen.

Protokollieren Sie das Erstgespräch sowie alle weiteren Gespräche. Halten Sie darin Besprechungsergebnisse und den nächsten Besprechungstermin fest.

Wie das Protokoll eines Erstgesprächs gestaltet sein kann, sehen Sie auf S. 18.

Erstgespräch über die VWA – Protokoll

Ort und Zeit: BG Musterhausen, am 12.10.20..
Anwesende: Frau Professor Mustermann, Elisabeth Liebermann

Zielsetzungen
Vorstellung meiner inhaltlichen Idee
Abklärung der Möglichkeit der Betreuung durch Frau Prof. Mustermann
Zustimmung bzw. Änderungsvorschläge durch Frau Prof. Mustermann, ev. Anregungen zur Konkretisierung und Umsetzung

Inhaltliche Idee
Sekundärer Analphabetismus: Immer wieder liest man, dass zahlreiche Menschen in unserem Land trotz absolvierter Pflichtschulzeit nicht lesen und schreiben können. Das verstehe ich nicht und ich finde es auch erschreckend: Wie kann man sich im Leben zurechtfinden, wenn man Analphabet/in ist?

Betreuung ja – nein?
Frau Prof. Mustermann ist grundsätzlich zu einer Betreuung bereit, wichtig sind aber folgende Punkte:

- Konkretisierung der Fragestellung: Was möchte ich herausfinden? Geht es mir um die Ursachen des sekundären Analphabetismus oder um die Schwierigkeiten, die betroffene Personen in der Lebensbewältigung haben? Eine andere Möglichkeit wäre auch noch die Frage danach, welche Chancen und Möglichkeiten es für sekundäre Analphabeten/Analphabetinnen gibt, das Problem zu meistern.
- Abklärung, wie ich das methodisch angehen möchte (Anregung: Mit Expertinnen und Experten reden, die mit sekundären Analphabeten/Analphabetinnen arbeiten, vielleicht stellt sich sogar eine Betroffene/ein Betroffener für ein Interview zur Verfügung.)
- Ein Exposé muss spätestens zu Weihnachten vorliegen, da es schon einige andere Schüler/-innen gibt, die bei Frau Prof. Mustermann schreiben wollen.

Nächste Schritte
Verfassen eines Exposés
Nächster Besprechungstermin: 15.12.20.., Sprechstunde

Zu klärende Fragen
Welche Fragestellung möchte ich verfolgen, was also möchte ich herausfinden?
Wer ist Expertin/Experte für das Thema?
Welche Fachliteratur gibt es dazu?

Protokoll: Elisabeth Liebermann
Ergeht an: Prof. Mustermann

Ein Erstgespräch, das ein derartiges Ergebnis gebracht hat, ist eine hervorragende Grundlage für die Konkretisierung der Fragestellung. Das Protokoll ist eine Erinnerungsstütze, gleichzeitig aber auch eine Sicherstellung, dass sich die beiden Gesprächspartner/innen auch richtig verstanden haben. Es dient der Dokumentation gegenseitiger Vereinbarungen und erhöht den Verbindlichkeitscharakter. Darüber hinaus verlangt der Gesetzgeber bei der Abgabe der VWA auch ein Begleitprotokoll und eine Dokumentation des Arbeitsprozesses.

Das Begleitprotokoll muss Aufzeichnungen über die Durchführung von Gesprächen beinhalten, die
- im Rahmen der Themenfindung und der Festlegung des Erwartungshorizontes,
- im Zuge der Betreuung sowie
- im Hinblick auf die Präsentation und Diskussion nach der Beschreibung der schriftlichen Arbeit geführt werden (vgl. Internetquelle [1]; § 9 Abs. 3 RPVO).

UNSERE TIPPS:

- Alle fachkundigen Lehrerinnen und Lehrer Ihrer Schule kommen für die Betreuung der VWA infrage.
- Nehmen Sie bereits im ersten Semester der vorletzten Klasse persönlichen Kontakt mit potenziellen Betreuungspersonen auf, auch dann, wenn erst eine Idee für einen bestimmten Themenbereich vorliegt.
- Erstellen Sie schon beim Erstgespräch ein Gesprächsprotokoll, das Teil Ihrer Arbeitsdokumentation sein wird!
- An vielen Schulen werden aus schulorganisatorischen Gründen für die Wahl der Betreuerin/des Betreuers spezielle Regelungen vereinbart. Informieren Sie sich rechtzeitig, ob es an Ihrer Schule derartige Vereinbarungen gibt, und halten Sie diese ein.

ÜBUNG

Kontaktaufnahme mit der Betreuungsperson

Überlegen Sie vor der Kontaktaufnahme mit Ihrer Wunschbetreuerin/Ihrem Wunschbetreuer, was am besten zu ihr/ihm passt. Manche Lehrer/innen kommunizieren mit ihren Schülerinnen und Schülern selbstverständlich per E-Mail. Andere reden gerne während der Gangaufsicht mit den Schülerinnen und Schülern, wieder anderen ist es am liebsten, wenn sie eine Nachricht im Postfach im Konferenzzimmer vorfinden, auf die sie reagieren können, sobald sie Zeit dazu haben.

Wählen Sie aus den folgenden Möglichkeiten diejenige aus, die Ihnen im konkreten Fall passend erscheint:

1. „Ich lasse ihr/ihm vom Sekretariat eine Kurzinformation ins Fach legen."

Hier ein Vorschlag für eine Mitteilung:

Name, Klasse ____ Grund der Mitteilung: Bitte um ein Gespräch bzgl. VWA Geplanter Themenbereich: ________________________ Kontakt: Tel.:__________, E-Mail: __________________ Datum:________________________________

2. „Ich rede die Lehrerin/den Lehrer am Gang an."

Was es dabei zu beachten gilt:

Nicht mit der Tür ins Haus fallen, sondern freundlich anfragen: „Haben Sie in den nächsten Tagen einmal Zeit? Ich würde gerne mit Ihnen über die VWA reden. Können wir uns einen Termin ausmachen? Wohin soll ich zur Besprechung kommen?"

3. „Ich kontaktiere die Lehrerin/den Lehrer per E-Mail."

Was muss im Mail stehen?
Orientieren Sie sich am oben vorgestellten Modell (Abbildung 3 auf S. 17) und versuchen Sie es selbst!

An: Betreff: Sehr geehrt____________________, ich____________________________________ ____ ____ ____ Mit freundlichen Grüßen ________________________________

ÜBUNG

Protokollieren des Erstgesprächs
Verwenden Sie dieses Muster für ein Gesprächsprotokoll und halten Sie die Ergebnisse Ihres Erstgesprächs fest:

Ergebnisprotokoll zum Erstgespräch über die Betreuung meiner VWA

Ort, Datum:
Anwesende:

Zielsetzungen des Gesprächs:

Meine inhaltliche Idee:

Möglichkeit bzw. Bereitschaft zur Betreuung unter den folgenden Bedingungen gegeben/ aus den folgenden Gründen nicht gegeben[3]:

Welche Anregungen habe ich erhalten?

Was sind die nächsten Schritte?

Welche Fragen sind noch zu klären?

Verfasser/in des Protokolls: ____________________________

Das Protokoll ergeht an[4]: ________________________________

[3] Ein Protokoll ist auch dann wichtig, wenn die Bereitschaft zur Betreuung nicht gegeben ist. In diesem Fall sollten Sie die Lehrerin/den Lehrer nach dem Grund fragen und den genannten Grund auch festhalten. Denn zum einen kann es später von Belang sein, dass Sie schon rechtzeitig mit Lehrerinnen/Lehrern gesprochen haben. Außerdem kann die Verschriftlichung eines berechtigten Einwandes Ihnen bei der Weiterüberlegung helfen.

[4] Ein Protokoll wird immer allen Beteiligten eines Gesprächs übermittelt.

4. Von der Idee zur konkreten Fragestellung

Auf Ihrer Suche nach einem geeigneten Thema gehen Sie von Ihren eigenen Interessen aus. Laut Schulunterrichtsgesetz sollen Sie bei der Erstellung der VWA umfangreiche Fachkenntnisse nachweisen. Sie müssen außerdem zeigen, dass Sie vorwissenschaftliche Arbeitsweisen beherrschen. Dazu zählen die kompetente Nutzung von Informationsquellen wie Büchern, Webseiten oder Zeitschriften, die Wahl einer geeigneten Methode sowie der logische und nachvollziehbare Aufbau Ihrer Arbeit.[1]

Die Rahmenbedingungen und insbesondere die Voraussetzungen für die Themenfindung sind also gesetzlich definiert. Die Annäherung an ein Thema erfolgt über eine möglichst konkrete Fragestellung, denn wer Fragen hat, begibt sich auf die Suche nach Antworten – und genau darum geht es bei der VWA. Fragen tauchen bei der Beobachtung von zum Beispiel geisteswissenschaftlichen, naturwissenschaftlichen, technischen, sozialen, ökonomischen oder ökologischen Phänomenen, also bei der aufmerksamen Wahrnehmung der Welt, unentwegt auf. Das ist zum Beispiel der Fall, wenn Sie sich fragen, „warum eine Situation so ist" oder „etwas auf eine ganz bestimmte Weise geschieht". „Ein ungelöstes Problem oder eine ungeklärte Frage weckt wissenschaftliche Neugier und eignet sich gut als Thema einer wissenschaftlichen Arbeit", schreibt May (2010: 21). Was aber eignet sich für die Bearbeitung im Rahmen einer VWA? Nicht alles, was ungelöst oder ungeklärt ist, können Sie in der Abschlussarbeit für die Reifeprüfung lösen und klären.

4.1. Leitgedanken für die Themenfindung

Umberto Eco (1993[6]: 14) schlägt mehrere Faustregeln für die selbstständige Themenfindung vor. Davon lassen sich die folgenden Fragen für den Beginn Ihrer Themenwahl ableiten:
1. Entspricht das Thema meinen Interessen?
2. Sind die Quellen, die ich benötige, für mich auch verfügbar?
3. Kann ich mit diesen Quellen umgehen?
4. Habe ich Erfahrung mit der Methode, mit der ich mein Vorhaben umsetzen möchte?

Diese von Eco abgeleiteten Überlegungen werden im Folgenden einzeln beleuchtet.

4.1.1. Interesse als Motor

Ihr persönliches Interesse ist bei der Entscheidung für das Thema grundlegend. Schließlich erstreckt sich die Auseinandersetzung mit den Inhalten über einen relativ langen Zeitraum. Je nach Themengebiet, Fragestellung und Untersuchungsmethode ist Fachliteratur durchzuarbeiten, finden Gespräche mit Expertinnen/Experten statt, müssen Konstruktionen oder Versuchsanordnungen erstellt werden.

Vielleicht sind Sie längere und ausdauernde Beschäftigung mit einem Thema nicht gewöhnt, da Ihr Alltag sehr abwechslungsreich ist: In der Schule jagt ein Fach oder ein Stoffgebiet das andere und als Nutzer/in moderner Medien springen Sie mit einem Klick innerhalb von Bruchteilen von Sekunden zwischen völlig unterschiedlichen thematischen Welten hin und her. Das Thema für die VWA

[1] Im Schulunterrichtsgesetz steht bezüglich der Aufgabenstellung Folgendes: „Bei der Themenfestlegung ist zu beachten, dass neben umfangreichen Fachkenntnissen auch vorwissenschaftliche Arbeitsweisen unter Beweis gestellt werden sollen. Dafür ist erforderlich, dass unterschiedliche Informationsquellen unter sachgerechter Nutzung sowie der Einsatz neuer Medien und geeigneter Lern- und Arbeitstechniken zielführende Aufschlüsse über den Themenbereich zulassen. Zusammenhängende Sachverhalte sollen selbstständig mit geeigneten Methoden erfasst und unter Zugrundelegung logischer Denkweisen sinnvoll hinterfragt und kritisch problematisiert werden können." (Internetquelle [1]; § 8 Abs. 1 RPVO)

hingegen wird Sie über mehr als ein Kalenderjahr begleiten. Deshalb erfordert die Themenfindung Zeit und sorgfältige Überlegung.

Ein erster Einstieg in die Phase der Themenfindung kann eine Ideensammlung sein (vgl. Karmasin/Ribing 2010: 21). Dabei können Sie den folgenden und ähnlichen Fragen nachgehen:

- Welche Zeitungsartikel sprechen mich an, welche Beiträge in anderen Medien, wie Fernsehen, Radio, Internet, wecken mein Interesse?
- In welchen Fächern und ganz konkret bei welchen Inhalten bin ich besonders dabei, worüber habe ich noch länger nachgedacht?
- Welche Produkte oder Firmen fallen mir auf, über welche Alltagsphänomene denke ich nach?
- Welche Hobbys habe ich?
- Wie und wo verbringe ich meine Freizeit?
- Womit beschäftige ich mich gerne?

Ein Notizheft, in das derartige Selbstbeobachtungen Eingang finden, ergibt einen gut überblickbaren und reichen thematischen Schatz. Daraus können Sie in weiterer Folge persönliche Interessenlagen und Schwerpunkte herausfiltern.

4.1.2. Methoden- und Quellenwahl

Die Suche nach Antworten erfolgt je nach Fragestellung ganz unterschiedlich. Für alle Fragen sind Quellen nötig, die es zu sichten oder zu befragen und auszuwerten gilt. Quellen können beispielsweise Fachbücher und Zeitschriftenartikel sein, es kann sich um Interviews mit Expertinnen und Experten oder mit anderen Personen handeln, um einen bestimmten Ort wie ein Biotop, um ein Archiv oder auch um verschiedenartige und sehr spezielle Objekte, wie zum Beispiel Kunstschätze, Denkmäler oder Bauwerke.
In der Phase der Themenwahl ist zu klären, ob die Fragestellung mit den verfügbaren Methoden, etwa durch Interviews oder Experimente, und Quellen auch tatsächlich bearbeitet werden kann. Verwerfen Sie zum Beispiel Themen, deren Bearbeitung von einem Interview mit einer unerreichbaren Persönlichkeit, wie dem EU-Ratspräsidenten oder der Direktorin des Internationalen Währungsfonds, oder von der Sichtung unzugänglichen Archivmaterials, zum Beispiel im argentinischen Nationalarchiv, abhängen würde.

Folgende Fragen müssen vor der Themenfixierung gewissenhaft beantwortet werden:

- Welche Methode/n muss ich anwenden, damit ich meine Fragestellung beantworten kann?
- Kann ich diese Methode/n mit meinen Ressourcen umsetzen? Das kann zum Beispiel konkret bedeuten: Verfüge ich über ein entsprechendes Labor? Habe ich Zugang zu den nötigen Quellen? Habe ich Zugang zu Persönlichkeiten, mit denen ich reden muss, um die Frage beantworten zu können? Lässt sich meine Fragestellung in der verfügbaren Zeit überhaupt beantworten? Bewegt sich der Aufwand für eigenes Forschen in einem vertretbaren Ausmaß oder müsste ich Untersuchungen durchführen, die den zeitlichen Rahmen für das Verfassen der VWA sprengen würden, um seriöse Antworten zu erhalten?

Wenn Sie diese Fragen positiv beantworten können, sind Sie auf dem richtigen Weg!

4.1.3. Methodenkompetenz

Bestimmte Fragen lassen sich nur mit bestimmten Methoden beantworten. Deshalb ist bei der Auswahl des Themas die Methodenwahl zentral. Wägen Sie bereits bei der Planung ab, ob Sie Ihre Fragestellung mit realisierbaren Methoden bearbeiten können. Langfristige Untersuchungen, ausgedehnte Beobachtungszeiträume, aufwändige Fragebogenerhebungen oder komplexe Versuchsanordnungen sind höchstwahrscheinlich im vorgesehenen Zeitraum und mit den verfügbaren zeitlichen und technischen Ressourcen nicht zu leisten.
Verfassen Sie zum Beispiel eine Literaturarbeit, dann suchen Sie zunächst nach geeigneter Literatur für Ihr Thema (= Literaturrecherche). Manche Werke, auf die Sie bei Ihrer Recherche stoßen, sind aber möglicherweise vergriffen oder in keiner Bibliothek zu bekommen. Bei einer Arbeit mit historischen Quellen könnte sich herausstellen, dass Sie verfügbare Quellen nicht nutzen können. So gibt es bis in die Mitte des 20. Jahrhunderts viele historische Quellen, wie zum Beispiel Briefe, die in Kurrentschrift verfasst sind. Wenn Sie diese alte Handschrift nicht lesen können, können Sie die Quellen nicht auswerten. Mögen sie noch so interessant sein, sie sind für Sie wertlos.
In manchen Fällen sind aber auch spezielle Fremdsprachenkenntnisse nötig, wenn etwa Fachliteratur oder Quellentexte nur in einer Fremdsprache vorliegen, beispielsweise in der Sprache des Landes, über das man arbeiten will.
Die Fähigkeit zum Umgang mit Quellen bedeutet aber auch das Verständnis von Fachtexten. Wenn Ihnen die Fachbegriffe einer Forschungsdisziplin völlig unbekannt beziehungsweise unverständlich sind, ist es wahrscheinlich kaum möglich, Antworten auf Fragen selbstständig zu erschließen.
In den Naturwissenschaften muss eventuell auch die Fähigkeit zur sachgemäßen Handhabung von Geräten und Werkzeugen, zum Beispiel von speziellen Laborgeräten, vorhanden sein. Möglicherweise sind Stoffe, mit denen Sie experimentieren müssten, zu gefährlich (z. B. radioaktive Stoffe).

UNSER TIPP:

Setzen Sie sich eingehend mit den folgenden Fragen auseinander, um herauszufinden, ob die Arbeit im geplanten Themenbereich auch gelingen kann:

1. Bin ich am Thema wirklich interessiert?
2. Was möchte ich herausfinden?
3. Stehen mir die für die Bearbeitung notwendigen Quellen bzw. Materialien zur Verfügung?
4. Kann ich mit den Quellen kompetent umgehen?
5. Beherrsche ich die für die Bearbeitung passende/n und realisierbare/n Forschungsmethode/n?

Wie Sie eine Fragestellung entwickeln können, die Ihren Interessen entspricht und die Sie auch tatsächlich bearbeiten können, entnehmen Sie dem folgenden Kapitel.

4.2. Vom Thema zu einer Fragestellung

Themen sind weitflächige inhaltliche Felder, die bei unterschiedlichen Menschen mehr oder weniger Interesse finden. Beispiele für „große" Themenkomplexe sind Begriffe wie „Zweiter Weltkrieg", „Atomkraft", „Insekten", „Astronomie", „Klimawandel", „Expressionismus", „Lebensmittelchemie" oder „Magersucht".

Zu diesen Stichworten finden Sie in Lexika Überblicksdarstellungen, die einen guten Eindruck von dem geben, was im Zusammenhang mit einem Thema relevant ist und welche Aspekte eine Rolle spielen. Ein erster lexikalischer Überblick über ein Themenfeld kann durchaus Ausgangspunkt für die Entwicklung einer konkreten Fragestellung sein. Eine VWA darf aber nicht in einer Überblicksdarstellung über einen derartig umfassenden, breiten Themenkomplex münden, denn zumeist entstehen hierbei nur Reproduktionen, also Wiedergaben, von lexikalischem Wissen.

Was aber ist eine geeignete Themenstellung? Überlegen Sie sich eine konkrete Fragestellung, die nach einem Detail eines großen Themenkomplexes fragt. Statt „Der Zweite Weltkrieg" könnte die Frage zum Beispiel lauten: „Welche Opfergruppen gab es zwischen 1939 und 1945 in meiner Heimatgemeinde?" Spezifische eigene Fragen sind die Grundlage für selbstständiges Forschen.

Der Weg, den Sie im nächsten Kapitel kennenlernen werden, führt von der Ideensammlung über die thematische Festlegung hin zur Entwicklung einer eigenen Fragestellung (vgl. Abbildung 4).

Abbildung 4: Die drei großen Schritte zur Entwicklung einer Fragestellung

4.2.1. Entwicklung einer Fragestellung

„Hinter jedem Thema steckt eine Forschungsfrage. Ihre gekonnte Formulierung erweist sich meist als erfolgsentscheidend." (Wytrzens u. a. 2009: 75) – Ob eine Arbeit gelingt oder nicht, entscheidet sich demnach bereits in der Phase der Themenfindung. Gehen Sie also in dieser Phase gewissenhaft und überlegt vor, bitten Sie andere um deren Meinung, lassen Sie sich von Ihrer Betreuungsperson beraten!

Die Bedeutung der Fragestellung liegt vor allem darin, dass sie den Arbeitsprozess auf ein inhaltliches Ziel ausrichtet, also die Richtung vorgibt.

In der VWA geht es somit nicht um eine beliebige, assoziative (= auf eine Gedankenreihe aufbauende) Beschäftigung mit einem Thema, sondern um das systematische, das heißt planmäßige Verfolgen eines Erkenntnisgewinnes, den Sie anhand einer Fragestellung erarbeiten. Zur Entwicklung der Fragestellung aus einem Themenfeld dienen am besten Fragen, die Sie auch im Gespräch mit der Betreuungsperson erläutern können:

- Was interessiert mich am Thema?
- Welche Aspekte oder Phänomene haben mich denn für dieses Thema sensibilisiert?
- Was genau möchte ich herausfinden?

Es geht also darum, aus „einem Thema eine Frage- bzw. Problemstellung zu entwickeln und zu konkretisieren, dass sie eine klare Aufgabenstellung erkennen lässt, wissenschaftliche Neugier weckt und die intellektuelle Antriebskraft der Arbeit bildet“ (May 2010: 35). Nur wenn Sie wirklich etwas herausfinden wollen, wenn Sie Antworten auf tatsächliche Fragen suchen, wird Ihr Forschergeist geweckt!

Der am häufigsten gewählte Weg bei der Entwicklung der Fragestellung führt *vom Allgemeinen zum Konkreten* (vgl. Abbildung 6, S. 32, und Abbildung 7, S. 33). Ausgehend von einem Überbegriff aus einem breiten Themenfeld nähern Sie sich schrittweise der konkreten Fragestellung an. Die Eingrenzung dieser Fragestellung kann über den räumlichen Aspekt, über die zeitliche Beschränkung oder auch über die thematische Fokussierung erfolgen.

BEISPIEL

Dazu ein Beispiel zum Thema „Der Kalte Krieg“:

1. **Die thematische Idee**
Sie haben aus möglichen Themenbereichen den „Kalten Krieg“ ausgewählt.

2. **Mögliche Unterthemen**
Sie sammeln alle möglichen Unterthemen, die Ihnen dazu einfallen. Das könnten die folgenden sein:
- Ideologische Gegensätze zwischen Ost und West
- Ausprägungen des Konflikts
- Geteiltes Europa
- Österreich am Eisernen Vorhang
- Stellvertreterkriege

3. **Thematische Fokussierung**
Als Bereich, der Ihrer Lebensrealität am nächsten liegt, erweist sich „Österreich am Eisernen Vorhang“.

4. **Mögliche Fragen**
Fragestellungen dazu könnten sein:
- Welche Beziehungen gab es zwischen Österreich und den angrenzenden Ostblockländern?

- Was bedeutete der Eiserne Vorhang für einen konkreten Grenzort?

Die Entscheidung für eine thematische Idee – „Die Situation eines konkreten Grenzortes“ – resultiert aus der Konkretheit und Überschaubarkeit.

5. Die Fragestellung

Aus den genannten möglichen Fragen lässt sich eine spannende Fragestellung formulieren:
Wie dicht war die Grenze zur Zeit des Eisernen Vorhangs? Gezeigt am Beispiel eines österreichischen Grenzortes.
Das kann ein Ort nahe der Heimatgemeinde oder die eigene Heimatgemeinde sein.
Bei den Vorüberlegungen zur Umsetzung der Arbeit, die Antworten auf die gestellte Frage liefern soll, ergeben sich die Unterfragen, die im Laufe der Arbeit systematisch zu bearbeiten sind:

- Was sind die ideologischen Hintergründe für diese Grenze?
- Wann wurde die Grenze dichtgemacht und wie war sie gesichert?
- Welche Möglichkeiten gab es, legal die Grenze zu überschreiten?
- Welche Versuche des illegalen Grenzübertritts sind bekannt? Gibt es Beispiele für Fluchtversuche oder eine gelungene Flucht?

Aus diesen Unterfragen ergibt sich in der Folge das Konzept der Arbeit (vgl. Kapitel 6.1.).

BEISPIEL

Im folgenden Beispiel sehen Sie, wie die Entwicklung der Fragestellung vom Allgemeinen zum Konkreten im Bereich der Biologie aussehen könnte:

1. Die thematische Idee

Sie haben sich für den Themenbereich „Gewässerökologie“ entschieden.

2. Mögliche Unterthemen

Folgende Unterthemen ziehen Sie zu diesem Thema in Betracht:

- Gewässermorphologie
- Vergleichende Untersuchungen zwischen unterschiedlichen Fluss- bzw. Bachabschnitten (regulierte bzw. naturnahe Abschnitte)
- Gewässergüte (chemische, biologische und physikalische Untersuchungen)
- Die Pflanzenwelt
- Die Tierwelt

3. Thematische Fokussierung

Sie würden gerne mehr über die Gewässergüte eines Baches in Ihrem Heimatort erfahren.

4. Mögliche Fragen

- Welche Gewässergüte weist der Bach in dem nahegelegenen Abschnitt auf?
- Welche Faktoren wirken negativ auf die Wasserqualität des Baches ein? Gibt es Abwässer, Begradigungen oder Regulierungen?
- Welche Organismen finden sich in diesem Abschnitt? Mit welcher Häufigkeit kommen die Organismenarten vor? Welche Organismen sind davon Leitorganismen, mit denen man eine biologische Wasseranalyse durchführen kann?
- Wie kann die Wasserqualität verbessert werden?

5. Die Fragestellung

Da sich die oben gestellten Fragen eher auf die biologische Wasseranalyse beziehen, könnte hier folgende Fragestellung formuliert werden:
Wie kann die Wassergüte am Beispiel des Haselbaches anhand einer biologischen Wasseranalyse bewertet werden?

Nun gilt es, die sich ergebenden Unterfragen zu beantworten:

- Wie sehen die Uferstruktur und die Ufervegetation aus?
- Gibt es entlang des Baches Bachuferbegleiter oder beschatten Gehölze den Bach?
- Handelt es sich beim zu untersuchenden Abschnitt um einen naturnahen oder regulierten Abschnitt?
- Wird Abwasser eingeleitet, welches eine enorme Auswirkung auf die Gewässergüte hat?
- Welche Leitorganismen, die für die biologische Wasseranalyse heranzuziehen sind, kommen in welcher Häufigkeit vor?
- Mit welchen Maßnahmen kann die Wasserqualität verbessert werden?
- Wie sehen die Wassertemperatur und die Fließgeschwindigkeit des Baches aus?

Nicht immer führt der Weg vom Allgemeinen zum Konkreten. Manchmal ist das Detail, also das Konkrete, der Ausgangspunkt für die Entwicklung einer Fragestellung. Das kann ein bestimmtes Symbol, eine Persönlichkeit oder auch eine regionale Einrichtung sein. Hier geht es darum, vom *Konkreten zum Allgemeinen* zu finden, den Detailaspekt für eine Fragestellung nutzbar zu machen (vgl. Abbildung 6, S. 32, und Abbildung 7, S. 33).

So könnte zum Beispiel ein konkreter Film Ihr Interesse wecken. Es wird nun darum gehen, diesen Film (= Detail) in einen Forschungskontext (= das Allgemeine) zu stellen. Eine mögliche Fragestellung wäre: In welches Genre, also in welche Kategorie, passt dieser Film (z. B. Politthriller, Western, Komödie, Science-Fiction-, Historienfilm) und an welchen Merkmalen lässt sich das festmachen? Inwiefern ist dieser Film typisch, was ist untypisch für das Genre? Eine formale und inhaltliche Analyse des Films entlang konkreter Genre-Merkmale, Vergleiche mit anderen Filmen und ein abschließendes fundiertes Qualitätsurteil können eine spannende und fundierte Arbeit ergeben.

BEISPIEL

Ein ausführliches Beispiel aus dem Bereich der Architektur soll den Weg vom Konkreten zum Allgemeinen noch deutlicher machen:

1. Die thematische Idee

Sie entdecken in Ihrer Umgebung eine „beeindruckende" Werbetafel an einer Baustelle. Auf dieser Tafel wird das geplante, bereits in Bau befindliche Gebäude ansprechend und realistisch dargestellt. Sie sind fasziniert von der Möglichkeit, geplante Architektur bereits im Vorhinein sehr realistisch darstellen zu können. Sie möchten diese Darstellungsweise in Ihrer VWA näher untersuchen und beleuchten.

2. Mögliche Unterthemen

Eine Ideensammlung wird rund um folgende Fragen entwickelt:

- Welche inhaltlichen und technischen Voraussetzungen benötigt man, um derartige Werbetafeln anfertigen zu können?
- Welche geometrischen Gesetzmäßigkeiten müssen beachtet werden?
- Welche Gebäude lassen sich „gut" darstellen, welche weniger „gut"?

Und auch organisatorische/logistische Fragen werden in dieser ersten Phase gestellt:

- Ist das Programm/die Software in der verfügbaren Zeit erlernbar?
- Steht das Programm/die Software zur Verfügung?
- Welche datenschutzrechtlichen Aspekte muss ich beachten?
- Kann ich mir die notwendige Expertise in der für die VWA verfügbaren Zeit aneignen?

Mit dieser Ideensammlung aus dem „Kleinen“ (Werbetafel) kommend, wenden Sie sich an eine potenzielle Betreuungsperson. In einem Gespräch stellen Sie konkretisierende Überlegungen an, die den Schritt von der ersten Ideensammlung (Phase 1) hin zur Themenfindung (Phase 2) ermöglichen:

- Es bieten sich ausgehend von der „Werbetafel“ mehrere inhaltliche Schwerpunktsetzungen an: Perspektive, Abbildungsverfahren oder Objektanalyse.
- Sie klären, welche Softwareprodukte für die Bearbeitung geeignet sind, zur Verfügung stehen, kostengünstig und in der verfügbaren Zeit erlernbar sind.
- Die datenschutzrechtlichen Aspekte werden angesprochen und diesbezügliche offene Fragen formuliert, um diese in der nächsten Phase zu klären.

3. Thematische Fokussierung

Sie setzen nun die nächsten Schritte bis hin zur Formulierung einer konkreten Fragestellung:

- Für welches der angesprochenen inhaltlichen Gebiete (Perspektive, Abbildungsverfahren, Objektanalyse) interessiere ich mich besonders?
- Für welches dieser Gebiete kann ich geeignete Literatur finden und studieren?
- Welches der möglichen Softwareprodukte scheint mir am geeignetsten zu sein (Einschulung, Kosten, Verständnis, Zweckdienlichkeit ...)?

Nach dieser Zeit der Überlegungen und Konkretisierungen können Sie die Problemstellung für die VWA in Absprache mit der Betreuungsperson fixieren. Zum Beispiel:

- „Welche Funktionen erfüllt die Perspektive bei der Darstellung geplanter Architektur?“ oder
- „Abbildungsverfahren und deren Bildeindrücke“ oder
- „Welche Freiformflächen werden in der Architektur in Österreich seit dem Jahr 2000 verwendet?“

Im Wesentlichen sind es sechs Phasen, anhand derer Sie ausgehend von der Sammlung eigener Ideen eine konkrete und bewältigbare Fragestellung für die VWA entwickeln können. Diese sechs Phasen differenzieren die drei großen Schritte zur Themenfindung aus (vgl. Abbildung 5).

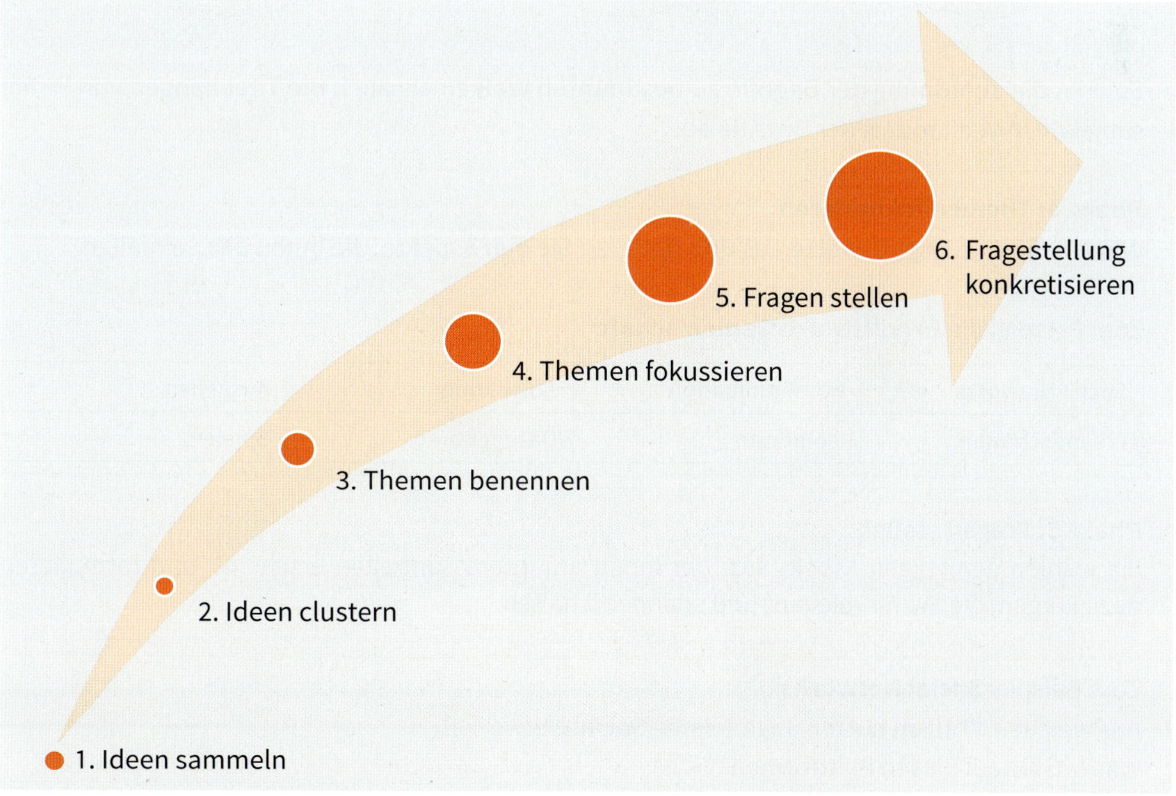

Abbildung 5: Die Sechs-Phasen-Methode zur Formulierung einer konkreten Fragestellung

ÜBUNG

Entwicklung einer Fragestellung nach der Sechs-Phasen-Methode

Phase 1: Ideen sammeln

Nehmen Sie Post-its zur Hand und notieren Sie auf jedem einzelnen Zettelchen Begriffe, die Ihnen einfallen und die Sie interessieren. Schreiben Sie so lange, bis Sie keine spontanen Ideen mehr haben.

Wald	Umwelt	Wetter	Luft	PC	Freunde/Freundinnen
Politik	Wohnen	Theater	Lesen		

Phase 2: Ideen clustern

Bilden Sie anschließend inhaltliche Cluster, indem Sie alle Post-its, die inhaltlich zusammenpassen, in Begriffswolken kleben.

Phase 3: Themen benennen

Geben Sie den Begriffswolken anschließend Titel, zum Beispiel:

Umwelt **Literatur** **Gemeinschaft**

Sowohl die Zuordnung der Begriffe zu bestimmten Wolken als auch die Titel hängen von Ihrem subjektiven Verständnis der Begriffe ab.

Phase 4: Themen fokussieren

Wählen Sie eine Begriffswolke aus und notieren Sie nun Aspekte, die Ihnen dazu einfallen.

Zum Beispiel die Begriffswolke **Gemeinschaft**:

Social Networks	Kommunikation	Ablenkung	Ausgehen
Freundschaften	Isolation	Dazugehören	Spielen

Phase 5: Fragen stellen

Sie wählen denjenigen Aspekt aus, der Ihnen am interessantesten erscheint, und formulieren dazu Fragen, die Sie für relevant und spannend halten.

Zum Beispiel **Social Networks**:
Aus welchen Motiven nutzen Jugendliche Social Networks?
Was tun sie auf diesen Plattformen?
Wie viel Zeit verbringen sie damit?
Was bedeutet der Begriff „Freund/in“ in diesem Zusammenhang?

Überlegen Sie, welche Frage Ihnen für eine VWA als geeignet erscheint. Die Frage nach den Motiven für die Nutzung erscheint beispielsweise ergiebig. Die anderen Fragen müssen möglicherweise nicht verworfen werden, sondern können Unterfragen darstellen, die in den einzelnen Kapiteln Beachtung finden können.

Phase 6: Fragestellung konkretisieren
Die Fragestellung für Ihre Arbeit könnte nun lauten:
Welche Funktion und Bedeutung haben Social Networks für Jugendliche?

Begeben Sie sich nun auf die Suche nach Ihrer persönlichen Fragestellung:

Phase 1: Ideen sammeln
Notieren Sie auf Post-its Ihre Ideen. Lassen Sie Ihren Gedanken freien Lauf:

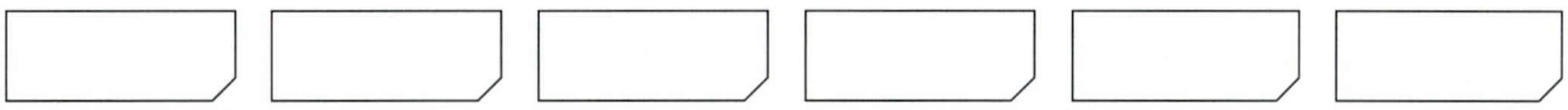

Phase 2: Ideen clustern
Bilden Sie Begriffswolken.

Phase 3: Themen benennen
Geben Sie jeder Begriffswolke einen thematischen Titel.

Phase 4: Themen fokussieren
Wählen Sie diejenige Begriffswolke aus, die Sie am meisten interessiert, und bilden Sie dazu Assoziationen.

Phase 5: Fragen stellen
Wählen Sie einen Begriff aus und stellen Sie dazu möglichst viele Fragen.

Phase 6: Fragestellung konkretisieren
Welche Frage eignet sich für die Bearbeitung in einer VWA?

4.2.2. Arbeiten mit Hypothesen und Fragestellungen

Viele wissenschaftliche Fragestellungen gehen mit sogenannten Hypothesen einher. Eine Hypothese drückt eine Annahme aus, die im Zuge der Forschungstätigkeit bestätigt (= verifiziert) oder widerlegt (= falsifiziert) wird. Im Allgemeinen erfolgt die Formulierung von Hypothesen als *Bedingung*, zum Beispiel durch „wenn – dann" oder „je – umso": „Wenn man in der Schule wenig fehlt, dann bringt man bessere Leistungen." Oder: „Je mehr man vor dem Computer sitzt, umso weniger Sozialkontakte hat man." Um solche Hypothesen bestätigen oder widerlegen zu können, muss man eigene Untersuchungen durchführen. Für das erste Beispiel (wenig fehlen – bessere Leistung) müsste eine statistische Auswertung von Fehlstunden und Notenbild einer *repräsentativen* Anzahl von Schülerinnen und Schülern erfolgen. Repräsentativ bedeutet, dass die für die Untersuchung ausgewählten Schüler/innen die reale Situation der Schule abbilden – zum Beispiel hinsichtlich des Alters, des Leistungsbildes oder des Geschlechts. Für diese Frage müsste man also Einblick in sehr sensible, höchstwahrscheinlich geschützte personenbezogene Daten bekommen, diese nach komplexen statistischen Methoden auswählen und sie mit einem entsprechenden Statistikprogramm auswerten. Eine Arbeit wie diese, so interessant die Fragestellung auch klingen mag, müsste also höchstwahrscheinlich aufgrund der Sensibilität der Daten und wegen des methodischen Anspruchs verworfen werden.

Hypothesen, die als Bedingungen formuliert sind, erfordern meistens komplexes methodisches Vorgehen, daher sind sie für eine VWA wenig empfehlenswert.
Es ist aber auch möglich, Hypothesen einfach als *bedingungslose Aussage* zu formulieren, ein Beispiel dazu wäre: „Das Engagement in einem Sozialverein stärkt die Persönlichkeit junger Menschen." Solche Hypothesen kann man ebenso gut als Frage formulieren: „Wie wirkt sich das Engagement in einem Sozialverein auf die Persönlichkeit junger Menschen aus?" In diesem Fall würde es nun wieder darum gehen, die Frage zu konkretisieren, zum Beispiel durch die Bezugnahme auf einen konkreten Verein und dessen Mitglieder.

Abbildung 6: Zwei unterschiedliche Herangehensweisen bei der Planung der vorwissenschaftlichen Arbeit

Abbildung 7: Die beiden unterschiedlichen Herangehensweisen bei der Planung der vorwissenschaftlichen Arbeit anhand konkreter Beispiele

ÜBUNG

Beurteilung von Fragestellungen

Beurteilen Sie die folgenden Beispiele für Fragestellungen aus den Themenbereichen **Kalter Krieg, Darstellung geplanter Architektur** und **Gewässerökologie** nach den vier angeführten Kriterien und entscheiden Sie, welche der Fragestellungen Sie für die Bearbeitung in einer VWA für geeignet halten und welche Sie für ungeeignet halten. Begründen Sie Ihre Entscheidungen!

Beurteilungskriterien:

Konkretheit und inhaltliche Abgegrenztheit der Fragestellung	Verfügbarkeit von Quellenmaterial (Literatur, Interviewpartner/innen; Zugang zu Archiven oder Gebäuden, Labor usw.); Erlaubnis zur Veröffentlichung der verwendeten Materialien/Quellen	Realisierbare Forschungsmethode/n; Kompetenz im Umgang mit den Materialien/Quellen	Angemessener zeitlicher und/oder räumlicher Ressourcenbedarf

A. Was versteht man unter dem Kalten Krieg?

Kriterien	Erfüllt -/✓	Begründung
Konkretheit und inhaltliche Abgegrenztheit der Fragestellung		
Verfügbarkeit von Quellenmaterial; Erlaubnis zur Veröffentlichung		
Realisierbare Forschungsmethode/n; Kompetenz im Umgang mit den Materialien/Quellen		
Angemessener zeitlicher und/oder räumlicher Ressourcenbedarf		

B. Wie „neutral“ verhielt sich das offizielle Österreich zur Zeit des Prager Frühlings?

Kriterien	Erfüllt -/✓	Begründung
Konkretheit und inhaltliche Abgegrenztheit der Fragestellung		
Verfügbarkeit von Quellenmaterial; Erlaubnis zur Veröffentlichung		
Realisierbare Forschungsmethode/n; Kompetenz im Umgang mit den Materialien/Quellen		
Angemessener zeitlicher und/oder räumlicher Ressourcenbedarf		

C. Welche internationalen wirtschaftlichen und politischen Entwicklungen führten zum Ende des Kalten Krieges?

Kriterien	Erfüllt -/✓	Begründung
Konkretheit und inhaltliche Abgegrenztheit der Fragestellung		
Verfügbarkeit von Quellenmaterial; Erlaubnis zur Veröffentlichung		
Realisierbare Forschungsmethode/n; Kompetenz im Umgang mit den Materialien/Quellen		
Angemessener zeitlicher und/oder räumlicher Ressourcenbedarf		

D. Welche Folgen hatte die Öffnung der ungarisch-österreichischen Grenze im August 1989?

Kriterien	Erfüllt -/✓	Begründung
Konkretheit und inhaltliche Abgegrenztheit der Fragestellung		
Verfügbarkeit von Quellenmaterial; Erlaubnis zur Veröffentlichung		
Realisierbare Forschungsmethode/n; Kompetenz im Umgang mit den Materialien/Quellen		
Angemessener zeitlicher und/oder räumlicher Ressourcenbedarf		

Lösungshinweise

Zu A: Was versteht man unter dem Kalten Krieg?
Diese Fragestellung ist für eine VWA nicht geeignet.

Kriterien	Erfüllt -/✓	Begründung
Konkretheit und inhaltliche Abgegrenztheit der Fragestellung	–	Die Frage ist allgemein gehalten, ihre Beantwortung müsste entweder in einer lexikalischen Definition erfolgen oder alle Hintergründe, Erscheinungsformen und Konfliktebenen umfassend darstellen. Beides entspricht nicht den Erfordernissen an eine VWA.
Verfügbarkeit von Quellenmaterial; Erlaubnis zur Veröffentlichung	✓	Über den Kalten Krieg gibt es umfangreiche wissenschaftliche Literatur
Realisierbare Forschungsmethode/n; Kompetenz im Umgang mit den Materialien/Quellen	–	Im Rahmen der VWA ist weder die Erstellung einer lexikalischen Definition noch die umfassende Darstellung des Kalten Krieges vorgesehen beziehungsweise möglich.
Angemessener zeitlicher und/oder räumlicher Ressourcenbedarf	✓	Die Beantwortung der Frage ließe sich in überschaubarer Zeit realisieren, es sind dafür keine speziellen Räumlichkeiten nötig.

Zu B: Wie „neutral" verhielt sich das offizielle Österreich zur Zeit des Prager Frühlings?
Diese Fragestellung ist für eine VWA geeignet.

Kriterien	Erfüllt -/✓	Begründung
Konkretheit und inhaltliche Abgegrenztheit der Fragestellung	✓	Hier wird ganz konkret nach einem Beispiel aus der Zeit des Kalten Krieges gefragt, es ist eine zeitliche und inhaltliche Abgrenzung gegeben (Prager Frühling 1968, politische Positionierung Österreichs im Hinblick auf seinen neutralen Status).
Verfügbarkeit von Quellenmaterial; Erlaubnis zur Veröffentlichung	✓	Es gibt verfügbares und gut bewältigbares Quellenmaterial (Medienberichte aus der Zeit, Publikationen zum Thema, Dokumentationen).
Realisierbare Forschungsmethode/n; Kompetenz im Umgang mit den Materialien/Quellen	✓	Das Recherchieren, Lesen und Auswerten von Zeitungsartikeln und ev. von anderen Medienberichten sowie von wissenschaftlicher Literatur zum Thema ist im Rahmen der VWA eine sinnvolle und bewältigbare Methode.
Angemessener zeitlicher und/oder räumlicher Ressourcenbedarf	✓	Der zeitliche Aufwand für Recherche und Auswertung ist realistisch. Es ist kein spezieller Raumbedarf gegeben.

Zu C: Welche internationalen wirtschaftlichen und politischen Entwicklungen führten zum Ende des Kalten Krieges?
Diese Fragestellung ist für eine VWA nicht geeignet.

Kriterien	Erfüllt -/✓	Begründung
Konkretheit und inhaltliche Abgegrenztheit der Fragestellung	–	Die Fragestellung ist viel zu komplex und aufgrund der Dimension sowohl in Bezug auf den Umfang als auch aufgrund der inhaltlichen Komplexität im Rahmen einer VWA nicht bewältigbar.
Verfügbarkeit von Quellenmaterial; Erlaubnis zur Veröffentlichung	✓	Das Thema ist in der wissenschaftlichen Literatur umfassend behandelt.
Realisierbare Forschungsmethode/n; Kompetenz im Umgang mit den Materialien/Quellen	✓	Recherchieren, Lesen und Auswerten von wissenschaftlicher Literatur ist eine realistische Forschungsmethode.
Angemessener zeitlicher und/oder räumlicher Ressourcenbedarf	-	Die Aufarbeitung der gesamten wirtschaftlichen und politischen Entwicklungen, die zum Ende des Kalten Krieges führten, würde in dieser Komplexität zu viele zeitliche Ressourcen binden, um seriös in einer VWA bearbeitet zu werden.

Zu D: Welche Folgen hatte die Öffnung der ungarisch-österreichischen Grenze im August 1989?
Diese Fragestellung ist für eine VWA geeignet.

Kriterien	Erfüllt -/✓	Begründung
Konkretheit und inhaltliche Abgegrenztheit der Fragestellung	✓	Die Fragestellung bezieht sich auf ein konkretes, zeitlich und räumlich eingegrenztes Ereignis, das in Österreich gut dokumentiert und aufbereitet ist.
Verfügbarkeit von Quellenmaterial; Erlaubnis zur Veröffentlichung	✓	Publikationen von Historikern und Historikerinnen, eventuell auch Medienberichte und Zeitzeugen/Zeitzeuginnen stellen geeignetes Quellenmaterial dar.
Realisierbare Forschungsmethode/n; Kompetenz im Umgang mit den Materialien/Quellen	✓	Lesen von wissenschaftlicher Literatur zum Thema, Lesen und Auswerten von Zeitungsartikeln und ev. von anderen Medienberichten, ev. Interview(s) mit einer/einem oder mehreren Zeitzeuginnen und Zeitzeugen sind im Rahmen einer VWA zielführende und realisierbare Methoden.
Angemessener zeitlicher und/oder räumlicher Ressourcenbedarf	✓	Die Recherche und Auswertung des nötigen Quellenmaterials ist in angemessener Zeit zu leisten. Es sind keine speziellen räumlichen Ressourcen nötig.

ÜBUNG

Beurteilen Sie nun auch die folgenden Beispiele für Fragestellungen aus dem Themenbereich **Darstellung geplanter Architektur** nach den oben genannten Kriterien.

A. Welche Risse werden bei Darstellungen geplanter Architektur an allen aktuellen Baustellen im Bundesland Salzburg verwendet?

Kriterien	Erfüllt -/✓	Begründung
Konkretheit und inhaltliche Abgegrenztheit der Fragestellung		
Verfügbarkeit von Quellenmaterial; Erlaubnis zur Veröffentlichung		
Realisierbare Forschungsmethode/n; Kompetenz im Umgang mit den Materialien/Quellen		
Angemessener zeitlicher und/oder räumlicher Ressourcenbedarf		

B. Welche Funktionen erfüllt die Perspektive bei der Darstellung geplanter Architektur?

Kriterien	Erfüllt -/✓	Begründung
Konkretheit und inhaltliche Abgegrenztheit der Fragestellung		
Verfügbarkeit von Quellenmaterial; Erlaubnis zur Veröffentlichung		
Realisierbare Forschungsmethode/n; Kompetenz im Umgang mit den Materialien/Quellen		
Angemessener zeitlicher und/oder räumlicher Ressourcenbedarf		

C. Vergleich von verwendeten Rissen in Bewerbungsunterlagen von geplanten, aber noch eingereichten Beiträgen für Architekturwettbewerbe

Kriterien	Erfüllt -/✓	Begründung
Konkretheit und inhaltliche Abgegrenztheit der Fragestellung		
Verfügbarkeit von Quellenmaterial; Erlaubnis zur Veröffentlichung		
Realisierbare Forschungsmethode/n; Kompetenz im Umgang mit den Materialien/Quellen		
Angemessener zeitlicher und/oder räumlicher Ressourcenbedarf		

D. Erstellung eines beispielhaften professionellen und qualitätsvollen Architekturentwurfs mit professioneller CAD- und Design-Software

Kriterien	Erfüllt -/✓	Begründung
Konkretheit und inhaltliche Abgegrenztheit der Fragestellung		
Verfügbarkeit von Quellenmaterial; Erlaubnis zur Veröffentlichung		
Realisierbare Forschungsmethode/n; Kompetenz im Umgang mit den Materialien/Quellen		
Angemessener zeitlicher und/oder räumlicher Ressourcenbedarf		

E. Welche Freiformflächen werden in der Architektur in Österreich seit dem Jahr 2000 verwendet?

Kriterien	Erfüllt -/✓	Begründung
Konkretheit und inhaltliche Abgegrenztheit der Fragestellung		
Verfügbarkeit von Quellenmaterial; Erlaubnis zur Veröffentlichung		
Realisierbare Forschungsmethode/n; Kompetenz im Umgang mit den Materialien/Quellen		
Angemessener zeitlicher und/oder räumlicher Ressourcenbedarf		

Lösungshinweise

Zu A: Welche Risse werden bei Darstellungen geplanter Architektur an allen aktuellen Baustellen im Bundesland Salzburg verwendet?

Kriterien	Erfüllt -/✓	Begründung
Konkretheit und inhaltliche Abgegrenztheit der Fragestellung	✓	Konkretheit und Abgegrenztheit ist bei Erstellung eines konkreten Rasters bzw. Erhebungsbogens klar gegeben.
Verfügbarkeit von Quellenmaterial; Erlaubnis zur Veröffentlichung	–	Man kann nicht davon ausgehen, dass sämtliche Bauherren die Erlaubnis geben, das Objekt in einer VWA zu veröffentlichen.

Kriterien	Erfüllt -/✓	Begründung
Realisierbare Forschungsmethode/n; Kompetenz im Umgang mit den Materialien/Quellen	✓	Die Methode (Erhebung, Auswertung und Vergleich) ist gut im Rahmen einer VWA realisierbar.
Angemessener zeitlicher und/oder räumlicher Ressourcenbedarf	–	Der Aufwand, im gesamten Bundesland alle Baustellen zu besuchen, zu dokumentieren und auszuwerten, übersteigt die räumlichen und zeitlichen Möglichkeiten einer VWA. Es ist denkbar unwahrscheinlich, dass im zeitlichen Rahmen von wenigen Monaten (= Zeitraum für die Erstellung der VWA) tatsächlich sämtliche Baustellen im Bundesland Salzburg besucht und erhoben werden können.

Die Fragestellung ist für die Bearbeitung in einer VWA nicht geeignet.

Zu B: Welche Funktionen erfüllt die Perspektive bei der Darstellung geplanter Architektur?

Kriterien	Erfüllt -/✓	Begründung
Konkretheit und inhaltliche Abgegrenztheit der Fragestellung	✓	Es soll ein konkretes Detail (nämlich die Projektionsart Perspektive) untersucht werden.
Verfügbarkeit von Quellenmaterial; Erlaubnis zur Veröffentlichung	✓	Ist gesichert, da es mittlerweile bei nahezu jedem Baustellenplakat/bei jeder Baustellentafel auch eine perspektivische Darstellung der geplanten Architektur gibt. Es kann außerdem davon ausgegangen werden, dass eine ausreichende Anzahl von Bauherrn die Einwilligung für die Verwendung der Bauobjekte in einer VWA geben wird. Falls einige Bauherren diese nicht geben sollten, stellt dies kein Problem dar, da es ausreichend große Auswahlmöglichkeiten an Baustellen gibt.
Realisierbare Forschungsmethode/n; Kompetenz im Umgang mit den Materialien/Quellen	✓	Da sich die Arbeit auf ein konkretes Detail (Perspektive) der Betrachtungen konzentriert, ist die Fragestellung bewältigbar.
Angemessener zeitlicher und/oder räumlicher Ressourcenbedarf	✓	Die Frage schränkt nicht auf eine konkrete zu erhebende Anzahl von geplanter Architektur ein. Daher ist es gut möglich, eine nach zeitlichen und räumlichen Ressourcen sinnvolle Anzahl von Vergleichsobjekten zu erheben.

Die Fragestellung ist für eine VWA geeignet.

Zu C: Vergleich von verwendeten Rissen in Bewerbungsunterlagen von geplanten, aber noch eingereichten Beiträgen für Architekturwettbewerbe

Kriterien	Erfüllt -/✓	Begründung
Konkretheit und inhaltliche Abgegrenztheit der Fragestellung	✓	Es soll ein konkretes Detail (nämlich die in den Bewerbungsunterlagen verwendeten Risse) untersucht werden.
Verfügbarkeit von Quellenmaterial; Erlaubnis zur Veröffentlichung	–	In diesem Bereich ist große Diskretion und Geheimhaltung bis zum besagten Architekturwettbewerb wichtig. Kein Architekturbüro macht geplante Einreichungen firmenexternen Personen zugänglich oder gibt sie gar für eine Veröffentlichung frei.

Kriterien	Erfüllt -/✓	Begründung
Realisierbare Forschungsmethode/n; Kompetenz im Umgang mit den Materialien/Quellen	✓	Da sich die Arbeit auf ein konkretes Detail (verwendete Risse) der Betrachtungen konzentriert, wäre die Fragestellung bewältigbar.
Angemessener zeitlicher und/ oder räumlicher Ressourcenbedarf	✓	Die Frage schränkt nicht auf eine konkrete zu erhebende Anzahl von geplanter Architektur in Bewerbungsunterlagen ein. Daher ist es gut möglich, eine nach zeitlichen und räumlichen Ressourcen sinnvolle Anzahl von Unterlagen zu erheben.

Die Aufgabenstellung ist für eine VWA nicht geeignet.

Zu D: Erstellung eines beispielhaften professionellen und qualitätsvollen Architekturentwurfs mit professioneller CAD- und Design-Software

Kriterien	Erfüllt -/✓	Begründung
Konkretheit und inhaltliche Abgegrenztheit der Fragestellung	✓	Die Fragestellung ist klar inhaltlich abgegrenzt und konkret.
Verfügbarkeit von Quellenmaterial; Erlaubnis zur Veröffentlichung	✓	Im Allgemeinen können professionelle CAD-Programme privat angekauft und verwendet werden.
Realisierbare Forschungsmethode/n; Kompetenz im Umgang mit den Materialien/Quellen	–	Ist nicht gesichert, da nicht davon ausgegangen werden kann, dass sich Schüler/innen innerhalb weniger Monate in professionelle Softwareprodukte einarbeiten können, für die Mitarbeiter/innen von Architektur- und Designbüros Jahre und viel Erfahrung benötigen.
Angemessener zeitlicher und/ oder räumlicher Ressourcenbedarf	–	Der Zeitaufwand ist für eine VWA zu groß, da die Einarbeitung in die professionelle Software nicht in einem angemessenen Zeitraum zu schaffen ist.

Die Fragestellung ist für eine VWA nicht geeignet.

Zu E: Welche Freiformflächen werden in der Architektur in Österreich seit dem Jahr 2000 verwendet?

Kriterien	Erfüllt -/✓	Begründung
Konkretheit und inhaltliche Abgegrenztheit der Fragestellung	✓	Die Frage ist inhaltlich klar eingegrenzt und konkret.
Verfügbarkeit von Quellenmaterial; Erlaubnis zur Veröffentlichung	✓	Zu diesem Themenfeld gibt es ausreichend Literatur. Viele Quellen sind frei zugänglich und können bei entsprechender Zitation ohne Probleme verwendet werden.
Realisierbare Forschungsmethode/n; Kompetenz im Umgang mit den Materialien/Quellen	✓	Eine Erhebung, Analyse und Bewertung von verwendeten Freiformflächen ist nach Erstellung eines konkreten strukturierten Rasters gut möglich.
Angemessener zeitlicher und/ oder räumlicher Ressourcenbedarf	✓	Die Frage schränkt nicht auf eine konkrete zu erhebende Anzahl von Bauobjekten ein. Daher ist es gut möglich, eine nach zeitlichen und räumlichen Ressourcen exemplarische Anzahl von Bauobjekten ab dem Jahr 2000 zu erheben.

Die Fragestellung ist für eine VWA geeignet.

ÜBUNG

Anhand derselben Kriterien können Sie nun die Fragestellungen aus dem Themenbereich **Gewässerökologie** beurteilen:

A. Was versteht man unter einer biologischen Wasseranalyse?

Kriterien	Erfüllt -/✓	Begründung
Konkretheit und inhaltliche Abgegrenztheit der Fragestellung		
Verfügbarkeit von Quellenmaterial; Erlaubnis zur Veröffentlichung		
Realisierbare Forschungsmethode/n; Kompetenz im Umgang mit den Materialien/Quellen		
Angemessener zeitlicher und/oder räumlicher Ressourcenbedarf		

B. Wie wirkt sich die Gewässergüte im Abschnitt A–Z des Baches XY auf die Artenvielfalt aus?

Kriterien	Erfüllt -/✓	Begründung
Konkretheit und inhaltliche Abgegrenztheit der Fragestellung		
Verfügbarkeit von Quellenmaterial; Erlaubnis zur Veröffentlichung		
Realisierbare Forschungsmethode/n; Kompetenz im Umgang mit den Materialien/Quellen		
Angemessener zeitlicher und/oder räumlicher Ressourcenbedarf		

C. Welche gewässerökologischen Unterschiede gibt es zwischen einem naturnahen und einem regulierten Abschnitt der Wien?

Kriterien	Erfüllt -/✓	Begründung
Konkretheit und inhaltliche Abgegrenztheit der Fragestellung		
Verfügbarkeit von Quellenmaterial; Erlaubnis zur Veröffentlichung		
Realisierbare Forschungsmethode/n; Kompetenz im Umgang mit den Materialien/Quellen		
Angemessener zeitlicher und/oder räumlicher Ressourcenbedarf		

D. Worauf ist die Verbesserung der Gewässergüte der Raab zurückzuführen?

Kriterien	Erfüllt -/✓	Begründung
Konkretheit und inhaltliche Abgegrenztheit der Fragestellung		
Verfügbarkeit von Quellenmaterial; Erlaubnis zur Veröffentlichung		
Realisierbare Forschungsmethode/n; Kompetenz im Umgang mit den Materialien/Quellen		
Angemessener zeitlicher und/oder räumlicher Ressourcenbedarf		

Lösungshinweise

Zu A: Was versteht man unter einer biologischen Wasseranalyse?

Kriterien	Erfüllt -/✓	Begründung
Konkretheit und inhaltliche Abgegrenztheit der Fragestellung	–	Die Frage ist zu sehr in Richtung Definition eingegrenzt, in vielen Büchern beschrieben und aufbereitet und lässt daher keine eigenen Erkenntnisse erwarten.
Verfügbarkeit von Quellenmaterial; Erlaubnis zur Veröffentlichung	✓	Das Thema ist in der wissenschaftlichen Literatur umfassend behandelt.
Realisierbare Forschungsmethode/n; Kompetenz im Umgang mit den Materialien/Quellen	✓	Recherchieren, Lesen und Auswerten von wissenschaftlicher Literatur ist eine realistische Forschungsmethode.
Angemessener zeitlicher und/oder räumlicher Ressourcenbedarf	–	Der zeitliche Aufwand hinsichtlich Recherche und Auswertung des Quellenmaterials ist zu gering.

Die Fragestellung ist für eine VWA nicht geeignet.

Zu B: Wie wirkt sich die Gewässergüte im Abschnitt A–Z des Baches XY auf die Artenvielfalt aus?

Kriterien	Erfüllt -/✓	Begründung
Konkretheit und inhaltliche Abgegrenztheit der Fragestellung	✓	Die Frage ist durch den klar bestimmten Untersuchungsabschnitt eingegrenzt.
Verfügbarkeit von Quellenmaterial; Erlaubnis zur Veröffentlichung	✓	Es ist genügend Quellenmaterial vorhanden.

Kriterien	Erfüllt -/✓	Begründung
Realisierbare Forschungsmethode/n; Kompetenz im Umgang mit den Materialien/Quellen	✓	Neben der Recherchearbeit dienen für den praktischen Teil Bestimmungsbücher als wichtige Grundlage für die Beantwortung der Frage – methodisch sinnvoll und bewältigbar.
Angemessener zeitlicher und/oder räumlicher Ressourcenbedarf	✓	Diese Fragestellung ist in der vorgegebenen Zeit realisierbar. Ein Problem könnte der Zugang zum zu untersuchenden Flussabschnitt sein, falls dieser zu dicht bewachsen ist.

Die Fragestellung ist für eine VWA geeignet.

Zu C: Welche gewässerökologischen Unterschiede gibt es zwischen einem naturnahen und einem regulierten Abschnitt der Wien?

Kriterien	Erfüllt -/✓	Begründung
Konkretheit und inhaltliche Abgegrenztheit der Fragestellung	✓	Diese vergleichende Fragestellung ist konkret und weist einen gut bewältigbaren Praxisbezug auf, sofern die Gewässeranalyse von der Schülerin/vom Schüler durchgeführt wird.
Verfügbarkeit von Quellenmaterial; Erlaubnis zur Veröffentlichung	✓	Quellenmaterial kann von den betreffenden Gemeinden bzw. der Stadt Wien zur Verfügung gestellt werden. Außerdem kann auf frühere Untersuchungsergebnisse zurückgegriffen werden.
Realisierbare Forschungsmethode/n; Kompetenz im Umgang mit den Materialien/Quellen	✓	Die Untersuchung der Abschnitte im Hinblick auf ökologische Gesichtspunkte ist gut durchführbar.
Angemessener zeitlicher und/oder räumlicher Ressourcenbedarf	✓	Da zwei unterschiedliche Abschnitte verglichen werden, ist der zeitliche Rahmen angemessen.

Die Fragestellung ist für eine VWA geeignet.

Zu D: Worauf ist die Verbesserung der Gewässergüte der Raab zurückzuführen?

Kriterien	Erfüllt -/✓	Begründung
Konkretheit und inhaltliche Abgegrenztheit der Fragestellung	–	Hier müsste die Fragestellung noch hinsichtlich des zu untersuchenden Bereichs und auch des Beobachtungszeitraumes (z. B.: in den letzten 20 Jahren) eingegrenzt werden.
Verfügbarkeit von Quellenmaterial; Erlaubnis zur Veröffentlichung	✓	Quellenmaterial ist verfügbar, da bei den zuständigen Ämtern der Landesregierung Informationen zur Gewässergüte eingesehen werden können.
Realisierbare Forschungsmethode/n; Kompetenz im Umgang mit den Materialien/Quellen	–	Die Untersuchung im Hinblick auf ökologische Gesichtspunkte ist nur in Bezug auf Einzelabschnitte gut durchführbar.
Angemessener zeitlicher und/oder räumlicher Ressourcenbedarf	–	Da weder der Beobachtungszeitraum noch das Untersuchungsgebiet definiert sind, ist die Durchführung nicht realistisch.

Die Fragestellung ist für eine VWA nicht geeignet.

4.3. Einreichung der Themenstellung

Sie müssen Ihre Themenstellung bis Ende der ersten Woche des 2. Semesters in der 7. Klasse einreichen. Die Einreichung erfolgt in der Regel über eine zentrale Datenbank. Sobald Ihre Schulleitung die eingereichten Themenstellungen freigegeben hat, werden sie von der Schulbehörde erster Instanz, also vom Landes- oder Stadtschulrat, innerhalb von drei Wochen genehmigt oder abgelehnt. Je besser überlegt die Fragestellung ist, je fundierter die Vorüberlegungen zur Umsetzung sind, desto besser sind die Chancen auf Genehmigung und vor allem auf erfolgreiche Durchführung der Arbeit. Eine sehr gute Möglichkeit zur Vorbereitung ist ein Exposé.

4.3.1. Das Exposé als Methode für die Vorbereitung des Erwartungshorizontes

Bei der Einreichung der Fragestellung wird auch ein Erwartungshorizont verlangt. Er definiert Ihren persönlichen Zugang zum Thema und Ihre methodischen und inhaltlichen Zielsetzungen. Folgende Punkte müssen im Erwartungshorizont enthalten sein:

- Thema: Zu welchem Themenbereich möchten Sie arbeiten?
- Impulsgebende Medien: Wodurch (Film, Reportage, Literatur, Plakat, Schulunterricht, Onlinemedien ...) wurden Sie auf dieses Themengebiet aufmerksam? Anhand welcher Medien (z. B. Fachbücher) möchten Sie die Fragestellung bearbeiten?
- Leitfragen: Welche Fragestellung bzw. welche Leitfragen stellen Sie sich in Bezug auf Ihr Themengebiet? Welche Punkte werden Sie bearbeiten, wie stellen Sie sich die Gliederung der Arbeit vor?
- Angestrebte Methoden: Mit welchen Methoden möchten Sie Antworten auf Ihre Fragestellung/en finden (Auswertung aktueller Fachliteratur, Interviews mit Expertinnen und Experten, Beobachtung, Exkursion, Experiment, Archivrecherche ...)?

All diese Punkte lassen sich hervorragend in einem Exposé darstellen. Der Begriff „Exposé“[2] bedeutet „Entwurf“. In einem kurzen Text wird die Arbeit also „entworfen“. Damit liegt eine erste Planungsgrundlage vor, die der Betreuungsperson und auch denjenigen Personen, die für die Genehmigung der Fragestellung zuständig sind, einen guten Überblick über das Vorhaben gibt. In der Regel lässt sich daraus sehr gut herauslesen, ob die Vorüberlegungen seriös und fundiert erfolgt sind und einem sinnvollen Projektplan folgen.

Das Exposé enthält im Wesentlichen drei Bereiche:

- Darstellung der Problemstellung
- Motivation für die Arbeit
- Geplante Methoden bzw. Vorgehensweise, erste Literaturhinweise

BEISPIEL

Für das oben formulierte Beispiel ***Wie dicht war die Grenze zur Zeit des Eisernen Vorhangs? Gezeigt am Beispiel eines österreichischen Grenzortes*** (vgl. Kapitel 4.2.1.) könnte ein Exposé etwa folgendermaßen aussehen:

Exposé zur VWA
Verfasser: Max Mustermann

[2] Im Englischen spricht man von einem Proposal.

Betreuerin: Mag. Friederike Fröhlich
Klasse: 7i
Schule: Bundesrealgymnasium St. Michael

Zum Untersuchungsgegenstand

Ich werde mich in meiner Arbeit mit der Situation einer konkreten österreichischen Gemeinde im Kalten Krieg beschäftigen. Der gesamte Osten Österreichs lag am sogenannten Eisernen Vorhang, es gab also keine Reisefreiheit von einem Land in das andere. Zum Eisernen Vorhang, zum Verlauf und zur Sicherung der Grenze gibt es Literatur. Mich interessiert darauf aufbauend vor allem die Frage, was diese Grenze für die Menschen bedeutete, die auf der österreichischen Seite der Grenze lebten: Wie nahmen sie diese Grenze wahr, gab es irgendwelche Kontakte zu den Menschen, die „hinter" der Grenze lebten? Gab es auch in diesem Grenzort Menschen, die aus dem Osten in den Westen flohen? Wer reiste legal zwischen Ost und West hin und her? Und zu guter Letzt möchte ich herausfinden, welche Erinnerungen es an die Öffnung des Eisernen Vorhangs gibt.

Motivation für diese Arbeit

Die Bedeutung des Eisernen Vorhangs wurde mir erstmals auf einer Berlinreise bewusst. Als ich die Mauerreste sah, wurde mir klar, wie radikal die Menschen im Kalten Krieg zwischen Ost und West getrennt waren. Im Mauermuseum (Internetquelle [9]) sind zahlreiche Fluchtversuche dokumentiert, die Einblicke in verzweifelte Versuche von Menschen geben, unter schwierigsten Umständen und bei größtem Risiko in den Westen zu gelangen.
Da fragte ich mich, wie das eigentlich in Österreich war, wie hier die Grenze erlebt wurde und wie sich diese Grenze auf einen konkreten Ort ausgewirkt hat. Besonders gespannt bin ich darauf, die Erinnerungen der Menschen zu erfahren.

Methodisches Vorgehen

In einer Reihe von historischen Arbeiten werden der Kalte Krieg und der damit in Zusammenhang stehende Eiserne Vorhang beschrieben. In der Universitätsbibliothek gibt es dazu einige Werke, die verfügbar sind. Anhand dieser Arbeiten kann ich die Frage nach dem ideologischen Hintergrund und dem Grenzverlauf gut beantworten.
Ich werde in der Gemeindechronik nachlesen, ob es zu dieser Zeit Darstellungen gibt. Außerdem werde ich ein Interview mit einem ehemaligen Bürgermeister führen, der mir zu den damaligen Verhältnissen bestimmt Auskunft geben kann.
Des Weiteren werde ich in der Gemeindezeitung einen Aufruf veröffentlichen, dass ich auf der Suche nach Fotos bin. Davon erwarte ich mir Antworten auf die Frage, wie es im Grenzgebiet ausgesehen hat.

Zeitlicher Plan

Im Sommersemester werde ich die Literaturrecherche durchführen. Ich werde die wichtigsten Werke in Bezug zu meiner Fragestellung durcharbeiten und erste Antworten auf meine Fragen sammeln. Auch den Aufruf in der Gemeindezeitung werde ich noch im Sommersemester veröffentlichen.
In den Sommerferien werde ich das Interview vorbereiten, also einen Interviewleitfaden erstellen, anhand dessen ich meinen Interviewpartner befragen möchte. Falls möglich, möchte ich auch das Interview im Sommer führen. Dieses werde ich aufnehmen und transkribieren (wortwörtlich abtippen, Anm.). Anhand der Fotos, die ich hoffentlich bekomme, und aufgrund der Zeitzeugenaussagen (ehemaliger Bürgermeister) werde ich Antworten auf die Fragen finden, die konkret diese Gemeinde betreffen.
Im Herbst werde ich die Arbeit schreiben. Der Abschluss der Schreibarbeit ist vor Weihnachten geplant, damit noch genügend Zeit für das Korrekturlesen und Layoutieren bleibt.

Literatur

- Balbier, Uta A. (2010): Der Kalte Krieg. Darmstadt, Wissenschaftliche Buchgesellschaft.
- Schremmer, Christof/Krajasits, Cornelia (1992): Szenarien zur Ost-Grenzöffnung und deren Auswirkungen auf die österreichischen Ost-Grenzregionen. Schriften zur Regionalpolitik und Raumplanung, 20. Bundeskanzleramt, Wien.

BEISPIEL

Für die gewässerökologische Fragestellung ***Wie kann die Wassergüte des Haselbaches anhand einer biologischen Wasseranalyse bewertet werden?*** (vgl. Kapitel 4.2.1.) könnte ein Exposé folgendermaßen aussehen:

Exposé zur VWA
Verfasser: Rosa Roth
Betreuer: Mag. Gustav Grün
Klasse: 7d
Schule: Bundesrealgymnasium St. Michael

Zum Untersuchungsgegenstand
Ich möchte mich in meiner Arbeit mit der Analyse der Gewässergüte des Haselbaches, der sich in meiner Heimatgemeinde befindet, beschäftigen. Die Qualität der österreichischen Gewässer hat sich dank umfassender Maßnahmen verbessert und es werden auch ständig Wassergüteerhebungen in Österreich von den Landesregierungen durchgeführt. Doch wie schaut es mit den kleinen Gewässern aus? Diese Frage interessiert mich, daher möchte ich in meiner Arbeit einen gewässerökologischen Überblick über den Haselbach geben und diesen auch anhand der biologischen Wasseranalyse untersuchen und die darin befindlichen Organismen näher beschreiben.

Motivation für diese Arbeit
Den persönlichen Bezug habe ich seit meiner Kindheit, da ich immer sehr viel Zeit am Bach verbracht habe. Schon immer habe ich mich für die darin befindlichen Lebewesen interessiert, denen ich gerne genauer auf die Spur kommen möchte. Weiters ist es mir sehr wichtig, dass dieser Bach sauber bleibt und eine gute Wasserqualität aufweist.

Methodisches Vorgehen
Um in meiner Arbeit einen Überblick über Gewässerökologie, im Speziellen über die im Bach befindlichen Leitorganismen, also die makroskopischen Wirbellosen, geben zu können, ist vorerst eine Literaturarbeit nötig. Für die praktische Arbeit ist die Artenkenntnis notwendig, damit ich die biologische Gewässeranalyse durchführen kann. Außerdem möchte ich noch einen Überblick über den zu untersuchenden Gewässerabschnitt geben und somit auch kurz auf die Vegetation eingehen.

Zeitlicher Plan
Im Sommersemester werde ich mich der Literaturarbeit widmen und mich mit den Bestimmungsbüchern vertraut machen.
In den Sommerferien werde ich die biologische Gewässeranalyse an mehreren Standorten im Untersuchungsbereich durchführen. Dazu werde ich eine Landkarte beilegen, auf der die untersuchten Standorte eingezeichnet sind.
Das Verfassen der Arbeit werde ich dann im Herbst durchführen. Somit sollte für Korrektur- und Layoutarbeiten genügend Zeit bleiben.

Literatur

- Engelhardt, Wolfgang/Jürging, Peter/Pfadenhauer, Jörg (2008): Was lebt in Tümpel, Bach und Weiher? Stuttgart, Franckh-Kosmos Verlag.
- Streble, Heinz/Krauter, Dieter (2011): Das Leben im Wassertropfen. Mikroflora und Mikrofauna des Süßwassers. Stuttgart, Franckh-Kosmos Verlag.
- Baur, Werner H. (2003): Gewässergüte bestimmen und beurteilen. Baden-Württemberg, VFG – Service und Verlag.

UNSER TIPP:

Erstellen Sie ein Exposé! Es ist eine hervorragende Grundlage für Ihre Betreuungsperson und die perfekte Vorbereitung für die Einreichung Ihrer Fragestellung sowie für die Erstellung des detaillierten Projektplans (vgl. Kapitel 3.1.) und des Konzepts (vgl. Kapitel 6.1.).

4.3.2. Einreichung und Erwartungshorizont

Wenn Sie sich über die Fragestellung, über die Methoden, über Ihre Zielsetzungen erst einmal klar geworden sind und diese auch von Ihrer Betreuungsperson gutgeheißen werden, ist die Einreichung nur eine Formsache.
In der Regel erfolgt die Verwaltung der vorwissenschaftlichen Arbeiten über eine zentrale Datenbank. Als Kandidat/in werden Sie ebenso wie die Lehrer/innen Ihrer Schule von der Administration in der Datenbank angelegt. Sie bekommen per E-Mail einen Zugangscode für die Datenbank.
Bei der Eingabe müssen Sie das Thema nennen, es ist nach Genehmigung durch die Behörde nicht mehr veränderbar. Die genaue Fragestellung können Sie aber gegebenenfalls noch während der Arbeit adaptieren. Das Thema wird im genehmigten Wortlaut in Ihr Reifeprüfungszeugnis übernommen. Der Titel Ihrer VWA besteht also aus zwei Elementen: Thema (= derselbe Wortlaut wie in der Datenbank) und Untertitel, der Ihre Fragestellung abbildet. Die Formulierung des Untertitels kann bis zum Ende Ihrer Arbeit warten.
Auch geeignete Leitfragen für Ihre Arbeit sind anzuführen, anhand derer Sie Ihr Thema bearbeiten werden. Damit drücken Sie Ihr spezifisches Erkenntnisinteresse aus, das Sie mit Ihrer Arbeit verfolgen. Da Sie die Arbeit bei Zustimmung Ihrer Betreuungsperson auch in einer als Unterrichtsfach besuchten Fremdsprache erstellen können, müssen Sie die Sprache anführen, in der Sie Ihre Arbeit schreiben. Außerdem müssen Sie erste Hinweise auf Literatur anführen.
Es wird Ihnen leichtfallen, die verlangten Aspekte zu definieren, wenn Sie gewissenhafte Vorüberlegungen angestellt, eventuell sogar ein Exposé erstellt haben.
Sollten Sie mit einer Partnerorganisation zusammenarbeiten, die Sie bei der Themenfindung begleitet, Ihnen Material zur Verfügung stellt oder selbst Gegenstand Ihrer Arbeit ist, dann führen Sie auch diese an! Das könnte zum Beispiel ein regionales Museum, ein Archiv, eine Behörde, eine Kulturinitiative oder auch eine Universität sein.

BEISPIEL

Die Einreichung zum Beispiel ***Wie dicht war die Grenze zur Zeit des Eisernen Vorhangs? Gezeigt am Beispiel eines österreichischen Grenzortes*** (vgl. Kapitel 4.3.1.) könnte folgendermaßen aussehen:

VWA: Einreichung der Fragestellung
Verfasser: Max Mustermann
Betreuerin: Mag. Friederike Fröhlich
Klasse: 7i
Schule: Bundesrealgymnasium St. Michael

Thema
Grenzen im Kalten Krieg

Fragestellung: Wie dicht war die Grenze zur Zeit des Eisernen Vorhangs? Gezeigt am Beispiel eines österreichischen Grenzortes

1. Impulsgebende Medien

Berlinreise und Besuch des Mauermuseums (Ausstellung und Website: www.mauermuseum.de): Im Mauermuseum sind zahlreiche Fluchtversuche dokumentiert, die Einblicke in verzweifelte Versuche von Menschen geben, unter schwierigsten Umständen und bei größtem Risiko in den Westen zu gelangen.

Daraus resultierte das Interesse an der Frage, wie das eigentlich in Österreich war, wie hier die Grenze erlebt wurde und wie sich diese Grenze auf den Ort ausgewirkt hat.

2. Angestrebte Methoden

- Literaturarbeit: über die Ideologien, die zum Kalten Krieg führten, und über die Situation an der innereuropäischen Grenze zwischen Ost und West mit dem Schwerpunkt zur Situation in Österreich
- Zeitzeugeninterview: zu Erinnerungen an die Zeit des Kalten Krieges und an die Öffnung der Grenze
- Quellenarbeit: Arbeit mit historischen Fotos aus der Zeit

3. Voraussichtlicher Aufbau der Arbeit:

- Ideologische Hintergründe für den Kalten Krieg
- Grenze zwischen Ost und West/Eiserner Vorhang
- Situation in der Gemeinde zur Zeit des geteilten Europas
- Erinnerungen an die Öffnung

4. Literatur bzw. impulsgebende Medien zur Bearbeitung

Balbier, Uta A. (2010): Der Kalte Krieg. Darmstadt, Wissenschaftliche Buchgesellschaft.

Schremmer, Christof/Krajasits, Cornelia (1992): Szenarien zur Ost-Grenzöffnung und deren Auswirkungen auf die österreichischen Ost-Grenzregionen. Schriften zur Regionalpolitik und Raumplanung, 20. Bundeskanzleramt, Wien.

ÜBUNG

Erstellung eines Exposés

Im Exposé fassen Sie zusammen,

- womit Sie sich beschäftigen und was Sie herausfinden wollen (= Thema und konkrete Fragestellung);
- was Sie für die Beschäftigung mit dem Thema motiviert hat;
- wie Sie vorgehen wollen (inhaltlich, methodisch und zeitlich).

Führen Sie zu Ihrem Forschungsgegenstand folgende Aspekte aus:

Mein Themenbereich	
Warum ich mich damit beschäftigen möchte	

Auf diese konkrete Frage möchte ich eine Antwort finden	
Diese Quellen möchte ich verwenden	
Mit diesen Methoden möchte ich arbeiten	
Meine vorläufige Gliederung sieht so aus	
Diesen Zeitplan habe ich mir vorgenommen	
Diese Herausforderungen sehe ich	

Verfassen Sie nun Ihr Exposé entsprechend der obigen Vorlage auf der Basis Ihrer Inhalte und Daten!

5. Die Betreuung

Wenn Sie sich an eine Lehrerin/einen Lehrer wenden, um von ihr/ihm im Rahmen der VWA betreut zu werden, ist das auch ein Stück weit Ausdruck Ihres Vertrauens: Sie haben das Gefühl, einen zentralen Baustein der Reifeprüfung mit dieser Lehrperson gut bewältigen zu können. Das Betreuungsverhältnis erstreckt sich immerhin über mehr als ein Kalenderjahr! Diese Zusammenarbeit gelingt dann, wenn sich beide Seiten an die gemeinsamen Vereinbarungen halten.
Es ist Ihre Aufgabe als Schüler/in, bei der Erstellung der VWA ein hohes Maß an Selbstständigkeit zu zeigen. Themen- und Betreuerfindung liegen in Ihrer Verantwortung, Sie müssen Initiative zeigen, auf eine Lehrerin/einen Lehrer zugehen und die je nach Phase anstehenden Arbeiten gewissenhaft erledigen sowie Vereinbarungen einhalten.
Die Betreuungsperson begleitet, unterstützt und motiviert Sie, sie steht in einem vereinbarten Rahmen zur Verfügung, fragt nach, gibt Rückmeldung. Sie trägt durch ihre Begleitungs- und Beratungsarbeit wesentlich zum Gelingen der Arbeit bei, ohne aber dabei die Verantwortung für die Erstellung der Arbeit oder gar das Ergebnis zu übernehmen.[1]
Die Lehrperson betreut Sie also kontinuierlich über alle Phasen der Erstellung der VWA hinweg. Was aber heißt kontinuierliche Betreuung? Wie lang dauern die Beratungsgespräche? Welche Rolle spielen Protokolle für eine erfolgreiche Zusammenarbeit zwischen Verfasser/in und Betreuer/in?

5.1. Bausteine für eine erfolgreiche Zusammenarbeit

Der erste Schritt jeder guten Kooperation ist *Klärung*. Dazu gehört entsprechend den oben formulierten Verantwortlichkeiten die Klärung der Rollen und der damit verbundenen gegenseitigen Erwartungen. Inhaltliche Erwartungen werden in der genauen Beschreibung des Themas im Exposé beziehungsweise im Konzept definiert, für das Gelingen der Arbeit wird es aber auch sehr wichtig sein, verbindliche Kooperationsvereinbarungen zu treffen und diese auch verlässlich einzuhalten. Diskutieren Sie also bereits zu Beginn nicht nur über das Thema und die Fragestellung, sondern sprechen Sie den Terminplan ab, definieren Sie Kommunikationswege und tauschen Sie sich darüber aus, welche Unterstützung Sie erwarten beziehungsweise inwieweit Sie die Betreuungsperson realistischerweise unterstützen kann.

Folgende Grundprinzipien definieren die Verantwortungsbereiche:

Verfasser/innen der VWA ...	**Betreuungspersonen ...**
▪ ... wenden sich mit thematischen Überlegungen an eine Lehrperson. ▪ ... nehmen Anregungen ernst und setzen sie nach Möglichkeit um. ▪ ... verstehen die angebotenen Anregungen als Unterstützung. ▪ ... holen sich Rückmeldung. ▪ ... sind selbst initiativ und verlassen sich nicht auf ihre Betreuungsperson.	▪ ... begleiten bei der Entwicklung der Fragestellung. ▪ ... bringen begründete Einwände vor. ▪ ... geben realisierbare inhaltliche und methodische Anregungen. ▪ ... motivieren und bestärken. ▪ ... fordern gegebenenfalls die Einhaltung des Projektplans ein (Zeit, Umfang, Arbeitsschritte ...).

[1] Der Gesetzgeber macht einige wenige Vorgaben, die das Betreuungsverhältnis in Grundzügen umreißen: „In der letzten Schulstufe hat eine kontinuierliche Betreuung zu erfolgen, die unter Beobachtung des Arbeitsfortschrittes vorzunehmen ist. Die Betreuung umfasst die Bereiche Aufbau der Arbeit, Arbeitsmethodik, Selbstorganisation, Zeitplan, Struktur und Schwerpunktsetzung der Arbeit, organisatorische Belange sowie die Anforderungen im Hinblick auf die Präsentation und Diskussion, wobei die Selbstständigkeit der Leistungen nicht beeinträchtigt werden darf.“ (Internetquelle [1]; § 9 Abs. 1 RPVO)

Es ist nicht Aufgabe der Lehrpersonen, Sie kontinuierlich an die Erstellung der VWA und den Terminplan zu erinnern und Arbeitsschritte einzufordern. Aber die meisten Betreuungspersonen werden Sie in regelmäßigen Abständen nach dem Stand der Arbeit fragen und Sie an festgelegte Fristen erinnern, so wie sie im Projektplan (vgl. Kapitel 3.1.) definiert sind. Sehen Sie dieses Nachfragen als wertvolle Hilfestellung und keinesfalls als Ausdruck des Misstrauens: Betreuungspersonen zeigen damit, dass sie an Ihrem Fortkommen interessiert sind. Überstrapazieren Sie aber die Geduld Ihrer Betreuungsperson nicht: Nur wenn Sie sich an Vereinbarungen halten, auf Nachfragen konstruktiv reagieren, kann Ihre Betreuungsperson ihre Aufgabe gut erfüllen!

Wie können Sie nun mit Ihrer Betreuungsperson einen effizienten kontinuierlichen Kontakt halten? Besonders geeignet erscheinen dafür digitale Plattformen, auf die Schüler/innen fertige Texte hochladen, in die die Betreuungsperson Einsicht nehmen und deren Inhalte sie kommentieren kann. Wenn Sie zum Beispiel einen Interviewleitfaden, den Sie entsprechend dem Terminplan fertiggestellt haben, auf die Plattform hochladen, sieht die Lehrperson ganz einfach, dass Sie im vereinbarten Zeitplan sind, und sie kann dazu die eine oder andere Rückmeldung geben. Oder: Sie stellen die fertige Literaturliste zur Dokumentation auf die Plattform. Mit einem Blick kann sich die Betreuungsperson auf diese Weise Gewissheit verschaffen, dass Sie Fortschritte machen, gegebenenfalls etwas ergänzen oder wichtige Fragen stellen.
Eine besondere Chance liegt bei der Arbeit mit Plattformen darin, dass in derartigen Foren auch kollegiales Feedback durch Mitschüler/innen möglich ist.
Manche Lehrer/innen werden aber dennoch das persönliche Gespräch mit Ihnen in einer Sprechstunde der digitalen Arbeit mittels einer Plattform vorziehen. Vielleicht gibt es ab und zu einen Austausch in einem kleinen Privatissimum, an dem alle von einer Lehrperson betreuten Kandidatinnen und Kandidaten teilnehmen und in dessen Rahmen über die Fortschritte und Stolpersteine berichtet wird.
Auch kollegialer Austausch kann sehr produktiv sein, über schwierige Projektphasen hinweghelfen und neue Motivation erzeugen. Nicht immer müssen Lehrer/innen daran teilnehmen oder die Initiative dafür übernehmen!
Wer persönliche Gespräche der digitalen Kommunikation vorzieht, sollte unbedingt schon am Beginn der Arbeit gut gesetzte, mit dem Projektplan abgestimmte Besprechungstermine vereinbaren.

UNSER TIPP:

Kommunizieren Sie kontinuierlich mit Ihrer Betreuungsperson und klären Sie offene Punkte! Das sind *die* Erfolgsfaktoren für eine gute Zusammenarbeit im Rahmen der VWA.
- Führen Sie Protokolle zu den Gesprächen mit der Betreuungsperson und
- klären Sie organisatorische Fragen wie Terminplan und Kommunikationswege zusätzlich zu den inhaltlichen Vereinbarungen ab!

5.2. Die Dokumentation des Arbeitsprozesses

Eine Ihrer Aufgaben bei der Erstellung der VWA ist die Dokumentation Ihres Arbeitsprozesses in einem Begleitprotokoll.[2]

[2] „Die Erstellung der Arbeit ist in einem von der Prüfungskandidatin oder vom Prüfungskandidaten zu erstellenden Begleitprotokoll zu dokumentieren, welches jedenfalls den Arbeitsablauf sowie die verwendeten Hilfsmittel und Hilfestellungen anzuführen hat. Das Begleitprotokoll ist der schriftlichen Arbeit beizulegen.
Zur Dokumentation der Arbeit sind Aufzeichnungen, insbesondere Vermerke über die Durchführung von Gesprächen im Rahmen der Themenfindung und der Festlegung des Erwartungshorizontes sowie im Zuge der Betreuung und nach Fertigstellung der Arbeit im Hinblick auf die Präsentation und Diskussion, zu führen und dem Prüfungsprotokoll anzuschließen.“ (Internetquelle [1]; § 9 Abs. 2 und 3 RPVO)

Das Begleit- oder Prozessprotokoll entsteht parallel zur Arbeit und dokumentiert Ihre Fortschritte ebenso wie auftretende Schwierigkeiten. Ihre Betreuungsperson kann gelegentlich Einsicht nehmen und gewinnt damit einen guten Überblick über Ihren Arbeitsprozess, der auch in der Beurteilung der Arbeit seinen Niederschlag findet. Sie halten im Begleitprotokoll Ihre Arbeitsschritte fest und dokumentieren damit zweifelsfrei Ihre selbstständig erbrachten Leistungen.

Im Protokoll machen Sie Angaben über den Zeitpunkt der getätigten Arbeitsschritte, Sie beschreiben die Art der Schritte und machen Angaben über Konsequenzen oder die weitere Vorgangsweise (das können zum Beispiel begründete Änderungen der Methoden oder des Zeitplans sein). Es kann sich aber auch herausstellen, dass Sie in einem Detailaspekt Ihrer Fragestellung keine Antwort erhalten und Sie Ihr Konzept (vgl. Kapitel 6.1.) verändern müssen.

Die folgende Tabelle schlägt eine Gliederung des Begleitprotokolls vor (vgl. Internetquelle [4]; [04.04.2016]). Als Beispiel sehen Sie hier, wie Sie die Kontaktaufnahme mit möglichen Expertinnen/Experten dokumentieren können:

Datum	Erledigte Arbeitsschritte laut Projektplan (Arbeitsschritte, Besprechungen ...)	Nächste Schritte (Fragen, Probleme, Maßnahmen)	Rückmeldungen von meiner Betreuungsperson, Vereinbarungen
4.5.2016	**Versendung von E-Mail-Anfragen** an drei Expertinnen/Experten: Mair, Johann: Architekt, Musterweg 3, Musterhausen Huber, Maria: Baumeisterin, Musterstraße 36, Musterstadt Gruber, Franz: Grafiker, Musterplatz 17, Musterdorf **Zusage von:** Huber Maria **Absage von:** Gruber Franz **Noch keine Antwort von:** Mair Johann	**Treffen am:** 12. Juni **Alternative:** Egger Helga, telefonische Kontaktaufnahme spätestens nächste Woche	

Abhängig von Ihren Vereinbarungen mit Ihrer Betreuungsperson dienen diese Aufzeichnungen entweder zur Dokumentation des Arbeitsprozesses, die Sie nur auf ausdrücklichen Wunsch vorweisen. Möglicherweise vereinbaren Sie aber auch, dass Sie Ihrer Betreuungsperson Ihr aktualisiertes Begleitprotokoll in regelmäßigen Abständen unaufgefordert übermitteln, damit sie sich auf sehr einfache und übersichtliche Art und Weise über Ihre Arbeit informieren kann. In jedem Fall müssen Sie das Begleitprotokoll der fertigen Arbeit beilegen.

Abgesehen von den Dokumentationszwecken dient das sorgfältig geführte Protokoll auch Ihrem persönlichen Überblick über Ihre Fortschritte. Bei der Auswertung Ihrer Ergebnisse, beim Erstellen des Anhangs oder des Quellenverzeichnisses wird jedes Protokoll, jede Gesprächsnotiz, jede Übersicht von unschätzbarem Wert sein!

ÜBUNG

Führen des Begleitprotokolls

Halten Sie in einem übersichtlichen Protokoll Ihre gesetzten Arbeitsschritte, Ihre Besprechungen beziehungsweise Kontakte mit Ihrer Betreuungsperson fest. Notieren Sie, welche Rückmeldungen und Anregungen Sie erhalten haben und welche Schlüsse Sie daraus ziehen.

Sie können für Ihr Begleitprotokoll die folgende Formatvorlage verwenden:

Kandidat/in:
Betreuer/in:
Schule:

Fragestellung:

Datum	Erledigte Arbeitsschritte laut Projektplan	Nächste Schritte	Rückmeldungen von meiner Betreuungsperson, Vereinbarungen

Datum____________________ Unterschrift der Schülerin/des Schülers:____________________

5.3. Phasen der Betreuung

Bei der Erstellung der VWA durchlaufen Sie sehr unterschiedliche Phasen, in denen verschiedene Aufgaben anstehen. Am Beginn der Arbeit entwickeln Sie beispielsweise Ihre Fragestellung und einen vorausschauenden Projektplan. Später sind Sie mit der Recherche, mit der Durchführung von Experimenten oder Interviews beschäftigt.

Im Wesentlichen lassen sich für die schriftliche Arbeit drei Phasen definieren:

Phase	Zeitraum	To do Betreuungsperson	To do Schüler/in
Themenfindungs-phase	1. Semester der 7. Klasse	▪ Erstgespräch führen und protokollieren ▪ Die Entwicklung der Fragestellung begleiten	▪ Themenbereich und Betreuungsperson wählen ▪ Kontaktaufnahme und Erstgespräch führen ▪ Fragestellung entwickeln und definieren ▪ Thema in die Datenbank einspeichern
Konzeptphase	2. Semester der 7. Klasse	▪ Rückmeldungen und Anregungen geben ▪ Zeitplan kommentieren und vereinbaren	▪ Quellen und Methoden definieren bzw. recherchieren ▪ Konzept erstellen ▪ Zeitplan festlegen und vereinbaren
Erstellung der Arbeit	Sommerferien und 1. Semester der 8. Klasse	▪ Nachfragen ▪ Tipps geben ▪ Motivieren ▪ In Kontakt bleiben	▪ Untersuchungen durchführen ▪ Arbeitsschritte dokumentieren ▪ Arbeit verfassen ▪ Arbeit formatieren ▪ Verzeichnisse anlegen ▪ Arbeit einreichen (Februar)

Je nach Phase arbeiten Sie unterschiedlich intensiv mit Ihrer Betreuungsperson zusammen. Während Sie gerade bei der Entwicklung der Fragestellung, der Definition der Methode/n und des Projektplans – also in der Themenfindungs- und in der Konzeptphase – wahrscheinlich eine intensivere Beratung benötigen, beschränkt sich die Rolle Ihrer Betreuungsperson in der Erstellungsphase auf das Halten des Kontakts, auf Motivationsarbeit und/oder gegebenenfalls kleinere Interventionen.
Wenn Sie im Februar der 8. Klasse Ihre VWA einreichen, hat Ihre Betreuungsperson drei Wochen Zeit, um die Arbeit durchzusehen und sie anhand eines Bewertungsrasters zu beschreiben (vgl. Kapitel 10). Danach wird in einem Gespräch über die schriftliche Arbeit Bilanz gezogen. Sie erhalten in dieser Besprechung Rückmeldungen zur Qualität der Arbeit, zu ihren Stärken und Schwächen.

Weiterer Gegenstand der Besprechung ist die Präsentation (vgl. Kapitel 8): Welche Inhalte eignen sich für die Präsentation am besten? Welche Medien können sinnvollerweise eingesetzt werden? Auf welche Aspekte ist bei der Präsentation zu achten?

Im optimalen Fall
- wählen Sie in diesem Gespräch bereits diejenigen Inhalte aus, die sich für die Präsentation eignen beziehungsweise zentral sind;
- legen Sie bereits eine Präsentationsmethode (z. B. Wahl eines geeigneten Mediums) fest;
- planen Sie in diesem Gespräch den Aufbau der Präsentation.

Da sich die Note der VWA aus der schriftlichen Arbeit *und* der Präsentation und Diskussion zusammensetzt, erfolgt die Benotung der ersten Säule der Reifeprüfung – also der VWA – erst im Anschluss an die Präsentation und Diskussion.

UNSER TIPP:

Präsentation und die anschließende Diskussion sind wesentliche Bestandteile der Note der VWA. Bereiten Sie daher eine qualitätsvolle Präsentation vor, die Sie bereits im Vorfeld mit der Betreuungsperson abstimmen (vgl. dazu Kapitel 8).

ÜBUNG

In allen Phasen Initiative zeigen – Rückmeldung einholen

Es gibt im Wesentlichen drei große Phasen bei der Erstellung der VWA. In diesen Phasen sind unterschiedliche Fragen wichtig, die Sie mit Ihrer Betreuungsperson klären sollten. In der folgenden Tabelle finden Sie für jede Phase konkrete Vorschläge und Platz für Ihre Notizen.

Besprechen Sie mit Ihrer Betreuungsperson die Fragen dann, wenn Sie die jeweiligen Arbeitsphasen beginnen. Nicht alles lässt sich jedoch bereits zu Beginn klären!

Phase	Mögliche Fragen	Besprechungsnotizen
Themenfindungsphase (Themenbereich, Fragestellung, erste Literaturtipps, methodische Anregungen, Klärung der Kooperation)	▪ Ist der von mir angedachte Themenbereich realistisch für eine VWA? Ist er zu eng oder zu weit gefasst?	
	▪ Kann ich diese Fragestellung in dieser Form beantworten (mit meinen Möglichkeiten, in der vorgegebenen Zeit, im Umfang einer VWA)?	
	▪ Haben Sie Ideen bezüglich Literatur und/oder Expertinnen/Experten?	
	▪ Wie kommunizieren wir miteinander (E-Mail, Sprechstunden, spezielle Termine, VWA-Plattform)?	
	▪ In welchen Abständen/zu welchen Zeitpunkten/wie oft erwarten Sie Nachrichten und/oder Ergebnisse?	

Konzeptphase (Aufbau der Arbeit, Gliederung, geeignete Methoden, Zeitplan, Literaturliste)	▪ Ist in dem von mir entwickelten Konzept ein logischer Aufbau, also ein roter Faden ersichtlich?	
	▪ Sind die von mir ausgewählten Methoden/ Literaturvorschläge/Interviews/Versuche/(...) für die Fragestellung geeignet? Falls nicht, was könnte ich anders und besser machen?	
	▪ Ist mein Zeitplan realistisch?	
Erstellung der Arbeit (Methoden durchführen, Ergebnisse auswerten, Text formulieren, Quellen belegen, Verzeichnisse erstellen, Arbeit formatieren, Präsentation erstellen und halten)	▪ Können Sie sich das erste Kapitel meiner Arbeit durchsehen und mir dazu Rückmeldung geben, ob ich sprachlich, inhaltlich und formal auf dem richtigen Weg bin?	
	▪ Welche Zitationsweise soll ich verwenden?	
	▪ Sind die von mir ausgewählten Inhalte für die Präsentation passend?	
	▪ Finden Sie meine Ideen zur Gestaltung der Präsentation angemessen?	

6. Die Umsetzung

Halten Sie bereits während Ihrer ersten thematischen Überlegungen und ganz besonders bei der Entwicklung Ihrer Fragestellung Ausschau nach verfügbaren Quellen. Eine erste Literaturrecherche ganz zu Beginn hilft Ihnen bei der Einschätzung, ob Ihre Forschungsidee umsetzbar ist, sie eröffnet den Blick auf mögliche Fragestellungen im Themenfeld Ihres Interesses und gleichzeitig erweitern Sie selbst Ihr thematisches Vorwissen. Dazu schreibt Yomb May:

> „Das inhaltliche Vorwissen, das bei der Problemformulierung über das Thema erworben wird, erleichtert eine effektive Suche nach aktueller Literatur für die spezifische Fragestellung der eigenen Arbeit." (May 2010: 41)

Für diese erste Recherche bieten sich Onlinelexika an, da Sie hier sehr rasch und einfach einen Überblick über das Themenfeld und Hinweise auf Fachliteratur erhalten. Häufig finden sich auch Links zu wissenschaftlichen Aufsätzen zum Thema – ein erster Einstieg in die Fachliteratur! Aber auch die Onlinerecherche auf Bibliotheksseiten (vgl. Kapitel 6.2.1.) zeigt Ihnen sehr rasch auf, ob Sie zu Ihren thematischen Vorstellungen, zu der von Ihnen formulierten Fragestellung, Literatur finden können.

Nach erfolgter Formulierung der Fragestellung und Fixierung der Betreuungsperson geht es nun also darum, Antworten zu finden. Dazu ist es in einem ersten Schritt wichtig, alle relevanten Teilaspekte zu definieren und diese in eine sinnvolle Abfolge zu bringen – das Konzept für die Arbeit entsteht.

6.1. Erstellung eines Konzepts

Ein übersichtliches Konzept, auch Disposition genannt, strukturiert Ihre Arbeit, es legt einen inhaltlichen roten Faden und bildet im optimalen Fall bereits die Kapitelgliederung für die Arbeit ab. Sammeln Sie alle relevanten Teilaspekte oder Teilfragen, die Sie bei der Beantwortung Ihrer Fragestellung klären wollen, und bringen Sie sie in eine logische inhaltliche Ordnung. Die Aufgliederung der Arbeit in Teilfragen zerlegt das große Vorhaben der VWA in einzelne Teile und dadurch „in operationale und bewältigbare Teilschritte" (Wytrzens u. a. 2009: 82). Durch die logische, inhaltlich aufbauende Ordnung wird es Ihnen auch möglich sein, Ihre Arbeit schlüssig und nachvollziehbar zu entwickeln.

> Das Konzept definiert also die einzelnen Kapitel und die dazu passenden Unterkapitel. Es ist inhaltlich sinnvoll aufgebaut und verschafft in seiner Kleinschrittigkeit einen Überblick über die zu erledigenden Teilschritte. Im Großen und Ganzen wird es das Inhaltsverzeichnis der fertigen Arbeit darstellen.

Die wichtigste Phase bei der Erstellung eines Konzeptes ist die Sammlung relevanter Teilaspekte. Diese ergeben sich aus dem Exposé, aus der Literaturrecherche, aber auch aus der eigenen intensiven Beschäftigung mit der Fragestellung und der Frage nach den relevanten Aspekten: Was müssen Sie herausfinden, damit Sie auf Ihre konkrete Frage eine nachvollziehbare, inhaltlich korrekte Antwort geben können? Welche Detailfragen müssen Sie klären, damit Sie Ihre gesamte Fragestellung beantworten können?

BEISPIEL

Für das Beispiel zur **Bedeutung des Eisernen Vorhangs in einem österreichischen Grenzort zur Zeit des Kalten Krieges** (vgl. Kapitel 4.3.1.) könnten sich dazu folgende Fragen ergeben:

- Wo verlief der Eiserne Vorhang in Europa und welches waren die ideologischen Hintergründe dafür?
- Wo tangierte der Eiserne Vorhang die österreichische Grenze?
- Ab wann war die Grenze dicht?
- Wie war diese Grenze gesichert (Schutzzäune, Wachposten …)?
- Unter welchen Bedingungen gab es die Möglichkeit, diese Grenze legal zu passieren?
- Gibt es belegte Beispiele für Fluchtversuche oder eine gelungene Flucht?
- Welche Erinnerungen an die Öffnung des Eisernen Vorhangs gibt es?

Im Zusammenhang mit einer **biologischen Wasseranalyse** (vgl. Kapitel 4.3.1.) könnten die folgenden Fragen eine Rolle spielen:

- Wirkt sich eine Beschattung des Gewässers auf die Anzahl der im Fluss/Bach lebenden Tiere aus?
- Hat die Strömungsgeschwindigkeit/die Temperatur eine Auswirkung auf die Anzahl der darin lebenden Organismen?
- Gibt es im Untersuchungsbereich Einleitungen von Abwässern?
- Wie sieht es im Hinblick auf Geruch, Farbe und Trübung des Wassers aus?
- Kommt es im Sommer zu teilweisen Austrocknungen?
- Wird der Fluss befischt?

Wenn Sie derartige Detailfragen erfolgreich gesammelt haben, geht es darum, diese in eine sinnvolle Ordnung oder Gliederung zu bringen. Sinnvoll bedeutet in diesem Zusammenhang, dass sich die Kapitel logisch aufeinander beziehen, dass in einem Kapitel diejenigen Aspekte geklärt werden, die für das Verständnis des Folgekapitels notwendig sind.

Häufig ist es sinnvoll, vom Allgemeinen zum Konkreten vorzugehen (vgl. Kapitel 4.2.1.). Sie schaffen also zuerst das allgemeine Verständnis, um dann auf dieser Basis die konkreten Detailaspekte erörtern zu können. Diese Vorgangsweise wird *deduktive Abfolge* genannt.
Die oben formulierten Detailfragen zum Beispiel aus dem Kalten Krieg lassen sich sinnvollerweise in die folgende Kapitelgliederung bringen:

Erledigt	Gliederung	Gliederungsaspekt
☐	1. Einleitung (Formulierung der Fragestellung, Eingrenzung des Themas, inhaltliche Abgrenzung)	Die Einleitung steht am Beginn der Arbeit und gibt wesentliche Informationen zu Inhalt und Methode. Sie wird aber meistens erst nach Abschluss der Arbeit geschrieben.
☐	2. Der Eiserne Vorhang – Österreich an einer ideologischen Grenze 2.1. Ideologischer Hintergrund 2.2. Österreichs Grenzen zum Ostblock 2.3. Von der österreichischen Ostgrenze zum Eisernen Vorhang 2.4. Sicherung der Grenze im Vollausbau 2.5. Überwindung dieser Grenze im Kalten Krieg	Im ersten Kapitel wird der ideologische und historische Hintergrund untersucht, der für die Situation in der konkreten Gemeinde entscheidend ist. Die daraus resultierenden Entwicklungen werden chronologisch aufgebaut.

Erledigt	Gliederung	Gliederungsaspekt
☐	3. Der Grenzübertritt in der konkreten Gemeinde 3.1. Legaler Grenzübertritt 3.2. Illegaler Grenzübertritt 3.2.1. Motive 3.2.2. Beispiele für gelungenen und/oder misslungenen Übertritt	Aufbauend auf dem Grundlagenwissen aus Kapitel 2 wird nun die Situation in der konkreten Gemeinde beleuchtet und hier zwischen zwei Möglichkeiten unterschieden.
☐	4. Die Öffnung der Grenze 4.1. Historischer Hintergrund 4.2. Erinnerungen an ein historisches Ereignis	Die Öffnung der Grenze im konkreten Ort steht in einem großen Kontext, der zuerst allgemein dargestellt werden muss. Wenn dieser historische Hintergrund geklärt ist, geht man wiederum auf die konkrete Situation in der ausgewählten Gemeinde ein.
☐	5. Abschließende Bemerkungen	Hier werden wichtige Erkenntnisse zusammengefasst, gegebenenfalls auch neue, offene Fragen formuliert.

Wenn Sie in Ihrer Arbeit aber eine spezielle Beobachtung, ein konkretes Phänomen oder einen Detailaspekt in einen größeren Zusammenhang stellen wollen (vgl. Kapitel 4.2.1.), gehen Sie nach der *induktiven Methode* vor. Dazu ein Beispiel aus der Gewässerökologie: An dem zu untersuchenden Bachabschnitt fällt die ausgeprägte Population einer bestimmten Pflanze auf. Daraus ergibt sich die Frage, woran das liegt. Am Beginn dieser Arbeit wird das Spezielle, also die Beschreibung des Phänomens ausgehend von der Beobachtung stehen. Es ist also die Pflanze selbst und deren Vergesellschaftung mit anderen Pflanzen zu beschreiben. Darauf aufbauend folgt die Suche nach den Ursachen für dieses Phänomen, das sich in der Regel durch ein Literaturstudium begründen lässt. Möglicherweise ist die betreffende Pflanze an diesen Standort optimal angepasst, es könnte sich aber auch um einen sogenannten Neophyten handeln, der sich an diesem Standort besonders gut vermehren kann, weil er hier optimale Lebensbedingungen und keine Feinde vorfindet. Was bedeutet dies allerdings wieder für das Ökosystem? Die Lebensbedingungen einer bestimmten Art (= verallgemeinerndes Modell) werden also aufbauend auf der Einzelbeobachtung (= konkreter Fall) dargestellt.

Eine weitere Methode, die vor allem in den Naturwissenschaften häufig vorkommt, ist die fünfteilige empirische oder naturwissenschaftliche Methode: Man definiert (1) in der Einleitung die Fragestellung, beschreibt (2) die Untersuchungsmethode und setzt diese um, wertet in der Folge (3) die Resultate aus, diskutiert (4) die Ergebnisse und kommt (5) zu einer Zusammenfassung, eventuell zur Formulierung von Empfehlungen (vgl. Wytrzens u. a. 2009: 83).

BEISPIEL

Dargestellt am Beispiel der Wassergüte gliedert sich eine Arbeit nach dieser Methode folgendermaßen:

1. Definition der Fragestellung in der Einleitung
2. Beschreibung der Untersuchungsmethode: Biologische Wasseranalyse
   - Beschreibung des zu untersuchenden Abschnitts
   - Auflistung der benötigten Materialien
   - Beschreibung der Leitorganismen – Saprobien, die als Grundlage für die Wasseranalyse dienen
   - Beschreibung des Saprobienindex und dessen Berechnung
3. Angabe der Häufigkeit der Leitorganismen (eventuell in tabellarischer Form) und Berechnung des Saprobienindex für den untersuchten Bachabschnitt
4. Diskussion der Ergebnisse: Was besagt nun das Ergebnis? Könnten sich Fehlerquellen eingeschlichen haben – und wenn ja, welche?
5. Zusammenfassung

UNSER TIPP:

Überlegen Sie sich den Aufbau der Arbeit gut! Mit einem sorgfältig strukturierten Konzept legen Sie die Schritte zur systematischen und realisierbaren Beantwortung der Fragestellung fest. Das schlüssige Konzept ist also ein wichtiger Wegbegleiter beim Verfassen der VWA und somit ein wesentlicher Baustein im Arbeitsprozess.

ÜBUNG

Erstellung eines Konzepts

Brainstorming:

- Sammeln Sie zu Ihrer Fragestellung ganz spontan Detailfragen und Aspekte, die relevant sind.
- Schreiben Sie die einzelnen Aspekte auf kleine Post-its.
- Wenn Ihnen nichts mehr einfällt, clustern Sie die Zettelchen, indem Sie sie thematisch ordnen. Geben Sie den Bereichen, die daraus entstehen, Überschriften.

Wie das konkret aussehen kann, sehen Sie am folgenden Beispiel „Leben am Eisernen Vorhang – mein Heimatort im Kalten Krieg“:

1. Brainstorming durchführen
Warum Eiserner Vorhang? – Zeitzeuginnen/Zeitzeugen – Kalter Krieg: Was war das? – Grenzverlauf – Flucht – Grenzübertritt – Ideologie – Ost/West – Menschen – Straßen – Grenzsicherung – Angst – dichte Grenze – kein Kontakt – Erinnerungen – Menschen erzählen – Wer weiß was? – Kam jemand über die Grenze? – War es einfacher, vom Westen in den Osten oder vom Osten in den Westen zu kommen? – Unter welchen Bedingungen kam man über die Grenze? – Wie erlebten die Menschen die Öffnung? – Angst

2. Clustern	
Aspekte/Detailfragen werden in einen thematischen Zusammenhang gebracht	**Für die entstehenden Cluster definiert man Überschriften**
Warum Eiserner Vorhang? Kalter Krieg: Was war das? – Ost/West	Ideologischer und historischer Hintergrund
Zeitzeuginnen/Zeitzeugen – Menschen erzählen – Erinnerungen – Wer weiß was? – Wie erlebten die Menschen die Öffnung?	Die Öffnung der Grenze im Gedächtnis der Menschen
Grenzverlauf – Grenzsicherung – Angst – dichte Grenze – kein Kontakt	Der Eiserne Vorhang – eine dichte Grenze
Flucht – Grenzübertritt – Angst – Kam jemand über die Grenze? – War es einfacher, vom Westen in den Osten oder vom Osten in den Westen zu kommen? – Unter welchen Bedingungen kam man über die Grenze?	Grenzübertritt: legal – illegal

Diese inhaltliche Bündelung wird nun logisch, also einem sogenannten roten Faden folgend, aufgebaut. Die Grundannahme ist: Man versteht die Ereignisse in einem kleinen Dorf an der Grenze besser, wenn man vom ideologischen und historischen Hintergrund ausgeht. Daher bietet sich die deduktive Methode – vom Allgemeinen zum Speziellen – an. Außerdem ist in einer historischen Arbeit eine chronologische Ordnung sinnvoll. Daraus ergeben sich folgende Kapitel:

3. Thematische Aspekte sinnvoll ordnen: deduktiv und chronologisch

1. Ideologischer und historischer Hintergrund
2. Die Grenze – Eiserner Vorhang
3. Grenzübertritt: legal – illegal
4. Die Öffnung der Grenzen im Gedächtnis der Menschen

4. Unterkapitel definieren

Die Detailaspekte, die im Brainstorming gesammelt wurden, eignen sich dazu, Unterfragen zu formulieren.
Gehen Sie nun entlang Ihrer eigenen Fragestellung nach demselben Muster vor! Sie brauchen Post-its, einen Stift und eventuell einen großen Bogen Papier, auf den Sie die Zettelchen kleben können.

Die Öffnung der Grenze im Gedächtnis der Menschen

Wie erlebten die Menschen die Öffnung?
Wer weiß was?
Erinnerungen
Zeitzeuginnen/Zeitzeugen
Menschen erzählen

Ideologischer und historischer Hintergrund

Warum Eiserner Vorhang?
Kalter Krieg: Was war das?
Ost/West

Der Eiserne Vorhang – eine dichte Grenze

kein Kontakt
Angst
Grenzsicherung
Grenzverlauf

Grenzübertritt legal – illegal

Unter welchen Bedingungen kam man über die Grenze?
War es einfacher, vom Westen in den Osten oder vom Osten in den Westen zu kommen?
Kam jemand über die Grenze?
Angst
Flucht
Grenzübertritt

Abbildung 8: *Cluster zum Thema „Leben am Eisernen Vorhang – mein Heimatort im Kalten Krieg"*

6.2. Arbeit mit wissenschaftlicher Literatur

Mit dem Konzept für Ihre Arbeit liegen Ihre tatsächlichen Fragen auf der Hand. Auf diese gilt es nun fundierte Antworten zu finden – die Recherchephase beginnt. Ihr Konzept leistet in dieser Phase große Dienste, da es Ihnen inhaltliche Orientierung bei der Literatursuche bietet. Gehen Sie systematisch vor!

Bibliotheken, ganz besonders wissenschaftliche Bibliotheken, sind in dieser Phase Ihre wichtigen Anlaufstellen. In den meisten Fällen können Sie Universitätsbibliotheken und Stadtbibliotheken gratis nutzen. Sie benötigen lediglich einen Benutzerausweis, den Sie unbürokratisch und rasch erhalten. In manchen Bibliotheken benötigt man für die Erstanmeldung einen Ausweis, einen Meldezettel oder Ähnliches. Informieren Sie sich im Internet oder telefonisch, was Sie zur Erstanmeldung mitbringen sollen. Mit dem Benutzerausweis sind Sie zum Bestellen, Reservieren und Entlehnen von Büchern berechtigt. Nur wenn Sie die Leihfrist überschreiten, fallen Mahngebühren an, die Sie ganz einfach durch eine termingerechte Verlängerung der Entlehnungen vermeiden können.

Recherchieren ist, wie Sie im nächsten Kapitel erfahren werden, auch ohne Benutzerausweis möglich, alle anderen Schritte können Sie über die Website der Bibliothek einfach und unbürokratisch erledigen. Der Weg zur Bibliothek ist lediglich bei der Abholung und Rückgabe der Bücher nötig. Lesen Sie die Benutzerbestimmungen Ihrer Bibliothek aufmerksam durch und halten Sie sie gewissenhaft ein, um unnötige Kosten zu vermeiden!

6.2.1. Literaturrecherche in Online-Bibliothekskatalogen

Sie suchen und finden Literatur in erster Linie anhand von sorgfältig ausgewählten Schlagwörtern in Online-Bibliothekskatalogen. Bibliotheken bieten Schlagwortkataloge für die Recherche an. Die Literaturbestände werden nämlich bei der Erfassung mit bestimmten Schlüsselbegriffen versehen, unter denen die Bücher in der Folge bei der Literatursuche zu finden sind. Definieren Sie also zentrale und relevante Begriffe für Ihren Themenbereich beziehungsweise für Ihre Fragestellung. Arbeiten Sie dabei auch mit Synonymen, also mit Wörtern, die das gleiche oder Ähnliches bedeuten.

BEISPIEL

Für das oben angeführte Beispiel zu einer österreichischen **Grenzgemeinde zwischen Ost und West im Kalten Krieg** würden sich beispielsweise folgende Schlagwörter anbieten: Kalter Krieg – Eiserner Vorhang – geteiltes Europa. Es können also auch zweiteilige Begriffe sein, wenn sie häufig in dieser Kombination vorkommen. Das ist bei „Kalter Krieg“ und „Eiserner Vorhang“ sicher der Fall, „geteiltes Europa“ ist einen Versuch wert.

Schlagwörter für das Beispiel aus dem Bereich der **biologischen Gewässeranalyse** sind: Gewässergüte, biologische Wasseruntersuchung, biologische Gewässeranalyse, Saprobien, Saprobienindex.

Ist das eingegebene Schlagwort zu allgemein, führt die Suche zu unzähligen Treffern, ist es hingegen sehr speziell, kann die Trefferquote gegen null gehen. Filter, zum Beispiel die Einschränkung des Erscheinungsdatums, reduzieren gegebenenfalls die Treffer. Hier ist ein wenig Übung und sprachliches Fingerspitzengefühl gefragt.

Haben Sie erst einmal ein Werk gefunden, das für Ihre Arbeit relevant ist, enthält dieses Buch im Literaturverzeichnis und in den einzelnen Kapiteln gewiss weitere wertvolle Literaturhinweise. Auch im Anschluss an lexikalische Einträge – sowohl in digitalen Lexika als auch in Printausgaben – finden sich zumeist hilfreiche Literaturtipps, anhand derer Sie weitersuchen können.

6.2.2. Schlagwortsuche auf Websites von Fachzeitschriften

Weitere wertvolle Suchmöglichkeiten finden sich auf den Websites wissenschaftlicher oder populärwissenschaftlicher Zeitschriften. Im Allgemeinen bieten diese Websites unter dem Button „Archiv“ oder auch unter „Suche“ die Möglichkeit an, nach Inhalten und Themen zu suchen. Alle in der betreffenden Zeitschrift zum Thema erschienenen Artikel werden mit Titelangabe, eventuell sogar kurzer Inhaltsangabe, jedenfalls aber mit Angabe zum Jahrgang und zur Nummer der Zeitschrift sowie mit genauer Seitenanzahl in einer Übersicht dargestellt. Die betreffende Ausgabe der Zeitschrift können Sie in der Folge in einer Bibliothek entlehnen. Manche Zeitschriftenverlage bieten auch die Möglichkeit an, den konkreten Artikel oder die konkrete Ausgabe zu bestellen.

ÜBUNG

Schlagwortsuche

Notieren Sie alle Begriffe, die Ihnen zu Ihrem Thema einfallen. Verwenden Sie auch Synonyme und Fremdwörter. Sie können dazu auch in Wörterbüchern oder im Thesaurus (Funktion im Textverarbeitungsprogramm Word) nachschlagen.
Recherchieren Sie die Internetadresse Ihrer nächstgelegenen wissenschaftlichen Bibliothek (z. B. Universitätsbibliotheken, Nationalbibliothek) und geben Sie die von Ihnen gewählten Begriffe in die Schlagwortsuche ein. In Abbildung 9 finden Sie zum Beispiel die Seite der Universitätsbibliothek Salzburg. Im Feld „Schnellsuche“ können Sie Ihre Suchbegriffe eingeben.

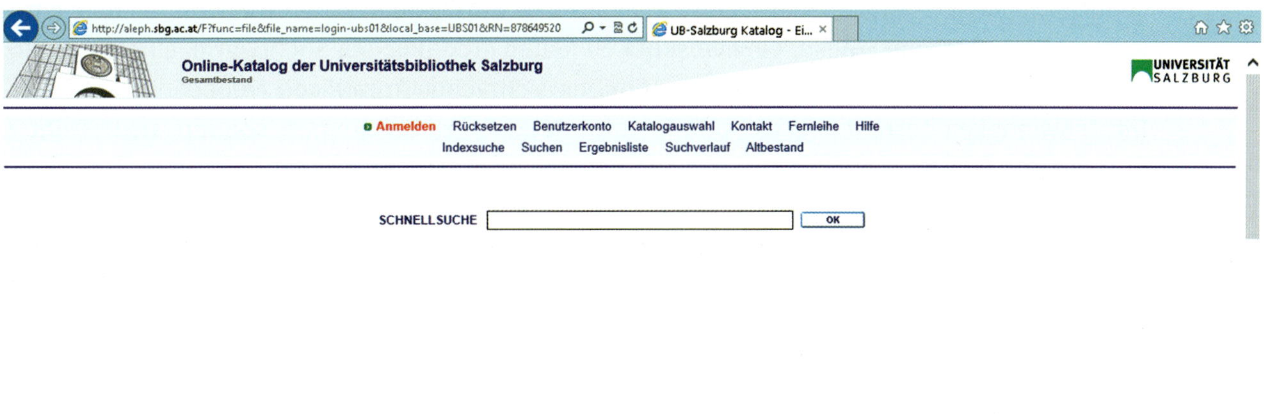

Abbildung 9: Screenshot des Onlinekatalogs der Universitätsbibliothek Salzburg (Internetquelle [8])

Bei einer großen Zahl von Treffern wählt man nach den folgenden Kriterien aus:

1. Jüngere Werke sind älteren vorzuziehen, da sie den aktuelleren Stand der Forschung abbilden.
2. Titel, die sehr gut zur eigenen Fragestellung passen, zieht man jenen vor, die davon weit entfernt sind.

Wenn Sie aus den unten stehenden Werken zum oben formulierten Beispiel zwei auswählen müssten, welche würden Sie wählen?

#		Exemplar	Autor/in	Titel / Band	Jahr
1		Hauptbibliothek(1/ 0)	Acheson, Dean, 1893-1971	Macht und Diplomatie	1958
2		FB Gesellschaftswissenschaften(1/ 0) FB Rechtswissenschaften(1/ 0)	Antoni, Carlo, 1896-1959	Die freie Welt im kalten Krieg	1955
3		Hauptbibliothek(1/ 0)	Arbatov, Georgij A., 1923-2010	Der sowjetische Standpunkt	1981
4		FB Gesellschaftswissenschaften(1/ 0)	Aurich, Rolf	Kalter Krieg	1991
5		Hauptbibliothek(1/ 0)	Bailey, George	Die unsichtbare Front	1997
6		Hauptbibliothek(1/ 1)	Balbier, Uta A., 1974-	Der Kalte Krieg	2010

Abbildung 10: Screenshot des Onlinekatalogs der Universitätsbibliothek Salzburg (Internetquelle [8])

Lösungshinweise:
Infrage kommen aufgrund der Jahreszahlen die beiden letzten Werke, Balbier ist wesentlich aktueller als Aurich, die anderen Werke sind generell schon ziemlich veraltet. „Die unsichtbare Front“ von Bailey ist vom Titel her nicht eindeutig zu definieren. Ein Klick auf den angebotenen Link liefert wichtige Zusatzinformationen:

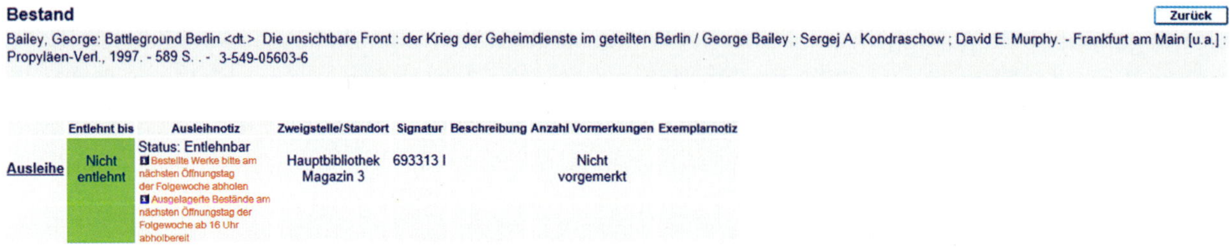

Bestand Zurück

Bailey, George: Battleground Berlin <dt.> Die unsichtbare Front : der Krieg der Geheimdienste im geteilten Berlin / George Bailey ; Sergej A. Kondraschow ; David E. Murphy. - Frankfurt am Main [u.a.] : Propyläen-Verl., 1997. - 589 S. . - 3-549-05603-6

	Entlehnt bis	Ausleihnotiz	Zweigstelle/Standort	Signatur	Beschreibung	Anzahl Vormerkungen	Exemplarnotiz
Ausleihe	Nicht entlehnt	Status: Entlehnbar Bestellte Werke bitte am nächsten Öffnungstag der Folgewoche abholen Ausgelagerte Bestände am nächsten Öffnungstag der Folgewoche ab 16 Uhr abholbereit	Hauptbibliothek Magazin 3	693313 I		Nicht vorgemerkt	

Abbildung 11: Screenshot des Onlinekatalogs der Universitätsbibliothek Salzburg (Internetquelle [8])

Das Werk befasst sich mit den Geheimdiensten im geteilten Berlin – bestimmt interessant, führt aber viel zu weit weg von der konkreten Fragestellung (siehe Konzept!), es ist also nicht relevant für die Arbeit.

6.2.3. Internetrecherche

Sie haben in Ihrem Schulalltag das grenzenlose Informationsangebot im Internet gewiss vielfach genützt. Schließlich ist das Internet eine schier unerschöpfliche Ressource bei der Suche nach Antworten auf inhaltliche Fragen, ein Mausklick zu jedem erdenklichen Suchbegriff, eingegeben in einer gängigen Suchmaschine, führt zu einer unübersichtlichen Anzahl von Treffern.
Die Schwierigkeit besteht also nicht darin, Informationen zu bekommen, sondern sie besteht vielmehr in der Auswahl derjenigen Materialien, die einer ernsthaften Qualitätsprüfung standhalten: Sie müssen Ihre Treffer geschickt bewerten, qualifizieren und filtern können.
Ein erster Filter sind die Motivation beziehungsweise der Anlass für die Veröffentlichung eines Inhalts im WWW. Im Internet werden Inhalte aus unterschiedlichsten Motiven angeboten: Manche Organisationen oder Einzelpersonen wollen zum Beispiel auf sich aufmerksam machen, etwas verkaufen, Propaganda betreiben, Inhalte verbreiten, Erkenntnisse publik machen, Projekte präsentieren. Das Spektrum reicht also von Publikationen renommierter Wissenschaftler/innen bis hin zu Ergebnissen von Schulprojekten. Sie treffen bei Ihrer Recherche in einer Suchmaschine auf engagierte Veröffentlichungen von seriösen Organisationen ebenso wie auf propagandistische, vielfach sogar gesetzeswidrige Darstellungen. Abgeschriebenes ist genauso zu finden wie Verändertes oder großflächig Fehlerhaftes.
Texte oder Links, die Sie von Suchmaschinen wie Google bei der Schlagwortrecherche erhalten, müssen Sie deshalb sehr genau prüfen, bevor Sie sie in Ihre Arbeit aufnehmen können.
Die folgenden Fragen helfen Ihnen bei der ersten Qualitätsprüfung:

Ist die Autorin/der Autor seriös? Ist die Organisation seriös?

1. Weist der Text eine Autorin/einen Autor oder eine herausgebende Organisation aus? Wenn das nicht der Fall ist, ist die Verwendung nicht zulässig, wenn doch, gilt es herauszufinden, ob diese Person beziehungsweise die Organisation entsprechend qualifiziert oder seriös ist. Das gelingt bei Autorinnen und Autoren zum Beispiel, indem Sie den Namen in eine Suchmaschine eingeben. Dadurch können Sie rasch feststellen, ob es von derselben Person auch noch weitere Veröffentlichungen zum Themenbereich gibt oder ob diese Person auf einer Website einer wissenschaftlichen Institution zu finden ist. Auch die Seriosität einer Organisation können Sie in der Regel auf ähnliche Weise herausfinden. Hier gelten im Wesentlichen die Fragen aus Punkt 2.

Ist die Website seriös?

2. Um welche Art von Website handelt es sich? Handelt es sich um eine Firmenwebsite, auf der etwas verkauft werden soll? Oder ist man auf einer Website einer NGO (= Non-Governmental Organisation; Nichtregierungsorganisation), die eine bestimmte Zielsetzung verfolgt? Hat die Eigentümerin/der Eigentümer eine Reputation, also einen bestimmten Ruf, in diesem Themengebiet? Sind namhafte Expertinnen und Experten als Vertreter/innen auf der Website zu finden? Handelt es sich um die Website einer Forschungseinrichtung, einer Universität oder einer öffentlichen Stelle? Informationen dazu sind üblicherweise im Impressum zu finden.

Nur wenn Sie diese Fragen nach der Urheberschaft eindeutig mit der Feststellung „Ja, das haben seriöse Expertinnen und Experten geschrieben!" beantworten können, dann können Sie den Text verwenden. Stundenentwürfe von Lehrerinnen und Lehrern zu einem Thema, Projektarbeiten von Schülerinnen und Schülern, private Meinungsäußerungen aus der unbekannten Masse der „Internet-Community" sind keine wissenschaftlichen Erkenntnisse, auf die Sie sich in Ihrer VWA berufen können! Sie wurden zu einem anderen Zweck erstellt.

Einen besonders hohen Stellenwert hat in der Suche nach Informationen die Onlineenzyklopädie *Wikipedia* erlangt. Für Ihren Einstieg in das Thema, beziehungsweise um einen ersten Überblick zu gewinnen, ist dieses Medium geeignet, es dient zur Orientierung und vielfach finden sich auch nützliche Literaturtipps in den Einträgen. Wikipedia kann allerdings nicht als wissenschaftliche Quelle verstanden werden, „denn der Inhalt ist nicht wie bei [...] Enzyklopädien von anerkannten Verlagen auf ihre Qualität geprüft, sondern wird frei durch die Web-Community befüllt" (Karmasin/Ribing 2010: 99). Es gibt also keine objektive Qualitätskontrolle, keine Institution, die für die Richtigkeit der Angaben die Verantwortung übernimmt. Auch wenn die oben angesprochene Web-Community vielfach sehr rasch reagiert und Fehler bemängelt oder korrigiert, gibt es keine Instanz, die die Richtigkeit der Angaben systematisch überprüft. Aus diesem Grund sind für die aus *Wikipedia* übernommenen Informationen autorisierte Quellen, also solche, die eine Autorin/einen Autor namhaft machen, zu recherchieren und zu zitieren.
Auch soziale Netzwerke erfreuen sich bei Recherchen jeglicher Art immer größerer Beliebtheit. Ins Netz gestellte, knappe Fragen können in bestimmten Foren eine Antwortflut auslösen. Auch hier geht es um Seriosität und um Quellenkritik: Seriöse Foren von Institutionen oder einschlägigen Einrichtungen bieten wertvolle Veranstaltungshinweise, in ihnen äußern sich Expertinnen und Experten, es finden sich aktuelle Publikationshinweise. Soziale Netzwerke können also wertvolle Anregungen und Informationen einer Fachrichtung bieten, eine Qualitätskontrolle ist aber auch hier unerlässlich!

Immer häufiger werden wissenschaftliche Bücher auch digital im Volltext, also nicht nur in Teilen, verfügbar gemacht. Gerade wenn Sie in der Nähe Ihrer Schule oder Ihres Wohnortes über keine wissenschaftliche Bibliothek verfügen, haben Sie auf diesem Weg leichteren Zugang zu wissenschaftlicher Literatur. Federführend ist in diesem Zusammenhang das Projekt *Google books*, das auf der Kooperation mit zahlreichen internationalen Bibliotheken beruht.

UNSER TIPP:

Nur Werke, für die Sie eine Autorin/einen Autor, das Erscheinungsjahr, den Erscheinungsort, Herausgeber/in bzw. die herausgebende Institution identifizieren können, sind zitierfähig, erfüllen also die Vorgaben für eine grundsätzlich seriöse und auffindbare Quelle. Beachten Sie diese Regel insbesondere bei Texten, die Sie aus dem WWW herunterladen!

ÜBUNG

Internetrecherche – Qualitätsprüfung

Überlegen Sie, ob die folgenden Seiten für Ihre VWA zitierfähig sind oder nicht, und begründen Sie Ihre Entscheidung!

Abbildung 12: Impressum des Politiklexikons für junge Leute (Internetquelle [2])

Abbildung 13: Screenshot der Internetseite „Lerntippsammlung" (Internetquelle [3])

Lösungshinweise:

Der erste Link bezieht sich auf das Politiklexikon für junge Leute. Im Impressum sind alle wichtigen bibliografischen Hinweise angeführt. Es kann also auf jeden Fall verwendet werden.
Im zweiten Fall handelt es sich um ein Referat, dessen Urheber/in unbekannt ist. Auf der Website finden sich zu allen möglichen Themen verschiedenste Referate, für die es keinerlei Qualitätskontrolle gibt, von bibliografischen Hinweisen ganz zu schweigen. Dieser Link ist also leider wertlos.

6.2.4. Erstellen einer Bibliografie

Eine Bibliografie ist ein Verzeichnis über Werke, die zu einem bestimmten Thema vorhanden sind. Aus der Vielzahl von Titeln, die Ihnen nach Ihrer Literaturrecherche zum Thema vorliegen, erstellen Sie in der Folge Ihre persönliche Bibliografie. Sie nehmen dabei diejenigen Werke und Artikel auf, die Sie letztendlich auch tatsächlich in Ihrer VWA verwenden werden. Die Auswahl erstellen Sie auf der Basis der folgenden Überlegungen:

- Welche Werke stehen mit einem realistischen Aufwand (Anschaffungskosten, Bestellaufwand, Verfügbarkeit ...) zur Verfügung?
- Welche Werke versprechen aufgrund des Titels, des Inhaltsverzeichnisses, der Inhaltsangabe und des Abstracts konkrete Antworten auf meine Fragestellung beziehungsweise zu den Detailfragen laut Konzept?
- Bei ähnlichen Werken: Welches ist jüngeren Erscheinungsdatums, also aktueller?

Wenn Sie gewissenhaft ausgewählt haben, welche Werke oder wissenschaftlichen Artikel Sie verwenden wollen, erstellen Sie eine Liste, die alle nötigen bibliografischen Daten enthält: Autor/in, Titel, Untertitel, Herausgeber/in, Erscheinungsjahr, Erscheinungsort, Verlag. Denken Sie bei Zeitschriftenartikeln auch an den Titel der Zeitschrift, den Jahrgang und die Erscheinungsnummer sowie an die Seitenangabe! Bei wissenschaftlichen Aufsätzen aus dem Internet müssen Sie im Literaturverzeichnis auch den Link und den Zeitpunkt anführen, zu dem Sie den Aufsatz heruntergeladen haben. Halten Sie daher sowohl den Link als auch den Zeitpunkt des Downloads unbedingt in der Bibliographie fest. Da Dateien jederzeit aus dem Netz genommen werden können, müssen Sie auch das Datum hinzufügen – am besten in eckigen Klammern, zum Beispiel: [24.06.2016]. Drucken Sie aus diesem Grund verwendete Texte aus dem Netz immer aus oder speichern Sie sie zumindest ab – gegebenenfalls müssen Sie diese als Quellennachweise vorlegen, wenn sie später im Netz nicht mehr verfügbar sein sollten.

Bestellen oder reservieren Sie gleich diejenigen Werke, die Sie aus Bibliotheken entlehnen oder im Buchhandel erwerben wollen! Es kann ohnehin dauern, bis entlehnte Werke zurückgegeben werden oder bestellte Werke verfügbar sind.

6.2.5. Lesen und Auswerten der Literatur

Wenn die von Ihnen ausgewählten Werke auf Ihrem Schreibtisch liegen, ist bereits viel geschafft! Doch nun wollen sie gelesen sein. Bedenken Sie dabei: Nicht alles ist interessant, und keineswegs alles, was interessant ist, ist relevant. Wählen Sie dabei konsequent die für Ihre aktuelle Arbeit wirklich relevanten Teile aus, das erspart Ihnen viel unnötigen Aufwand. Studieren Sie dazu im ersten Schritt das Inhaltsverzeichnis: Zumeist passen nur einzelne Kapitel zur konkreten Fragestellung, und diese gilt es auszuwählen. Auch wenn Sie andere Kapitel über Ihre Fragen hinaus interessant finden, ignorieren Sie sie, wenn sie nicht in der Konzeption Ihrer Arbeit enthalten sind. Halten Sie sich an den einmal gelegten roten Faden, also an die Struktur und den geplanten Aufbau Ihrer Arbeit, wie Sie ihn im Konzept entwickelt haben. Wenn Sie das nämlich nicht tun, besteht die Gefahr, dass Sie immer wieder auf neue inhaltliche Fährten geraten und sich dabei verlieren. Effizienz sieht anders aus!

Nach dieser Auswahl müssen Sie die Brauchbarkeit von Texten, Kapiteln oder einzelnen Passagen möglichst schnell bewerten. Es kommt nämlich immer wieder vor, dass wissenschaftliche Arbeiten trotz eines verheißungsvollen Titels nichts zur eigenen Arbeit beitragen können, zum Beispiel weil sie zu spezifisch sind, andere als die eigenen Schwerpunkte behandeln oder ganz einfach nicht das halten, was man sich aufgrund des Titels versprochen hat.
Dafür eignen sich die Lesestrategien des *Scannings* und *Skimmings* (vgl. Kremer 2010: 15). Beim *Scanning* überfliegen Sie einen Text nur grob. Dabei können Sie herausfinden, ob die von Ihnen erwarteten Schlüsselbegriffe im Text vorkommen. Nur wenn diese enthalten sind, gehen Sie einen

Schritt weiter. Beim *Skimming* erfassen Sie Kapitel- und/oder Zwischenüberschriften, Zusammenfassungen oder Abbildungen und Tabellen. Lesen Sie in dieser Phase auch die ersten sowie die letzten Zeilen eines Kapitels oder eines wissenschaftlichen Aufsatzes etwas genauer durch. Diese geben häufig darüber Aufschluss, ob Sie für Ihre Fragestellung relevante Informationen finden werden. Nach dieser ersten Sichtung treffen Sie die Entscheidung, welche Texte Sie wirklich durcharbeiten müssen. Nun beginnt das genaue Lesen.

UNSER TIPP:

Wählen Sie diejenigen Werke, die Sie laut der folgenden Anleitung akribisch durcharbeiten, entsprechend der oben beschriebenen Schritte gut aus. Genaues Lesen und Erfassen der Ausführungen erfordert Zeit und Konzentration. Es wäre schade, wenn Sie diese für Texte aufwenden würden, die zu Ihrer Fragestellung nichts zu sagen haben!

Das Lesen von wissenschaftlichen Texten kann durchaus herausfordernd sein – vor allem für Sie als Einsteiger/in. Unbekannte Fachbegriffe oder Fremdwörter können Verständnisbarrieren sein, dargestellte Phänomene sind vielleicht recht komplex, und darüber hinaus sind die sprachlichen Formulierungen häufig durchaus anspruchsvoll. Gerade bei schwierigeren Texten ist die aus den USA stammende *„SQ3R-Methode“* zu empfehlen (vgl. Wytrzens u. a. 2009: 104). Der Leseprozess erfolgt demnach in fünf Schritten:

„SQ3R-Methode“: Lesen in fünf Schritten

Survey:	Überfliegen und Überblick gewinnen (Dabei lesen Sie folgende Textteile: Inhaltsverzeichnis, Kapitelüberschriften, behandelte Fragestellungen, Zusammenfassung.)
Question:	Der erste Überblick ermöglicht es, Fragen an den Text zu stellen. Wer mit Fragen an den Text herangeht, tut sich leichter, Informationen zu entnehmen.
Read:	Nun wird der Text genau gelesen.
Recite:	Die wesentlichen Punkte werden festgehalten und man formuliert nach Möglichkeit Antworten auf die im Schritt „Question“ an den Text gestellten Fragen.
Review:	Das Gelesene wird in groben Zügen wiederholt und in eigenen Worten zusammengefasst.

Die folgenden Vorschläge können Ihnen dabei behilflich sein, diese fünf Schritte erfolgreich umzusetzen:

1. Schon vor dem Lesen Erwartungen und Fragen an den Text stellen
Auf welche (Detail-)Fragen erhoffe ich mir Antworten? Welche Aspekte sind vermutlich im Text enthalten? Mit welchen Fragen gehe ich an diesen Text heran?
Derartige inhaltliche Vorüberlegungen bereiten den inhaltlichen Einstieg in den Text vor und das Lesen fällt leichter. Die Antworten auf diese Fragen sind wahrscheinlich auch der Grund, warum gerade dieser Text nach dem *Scanning* und *Skimming* in die Endauswahl gekommen ist!

2. Lesen mit Bleistift und Papier, Textmarker oder vor dem eingeschalteten PC
Lesen von wissenschaftlicher Literatur hat den Charakter einer Suche, und zwar einer Suche nach verwertbaren Antworten und Erkenntnissen. Einmal entdeckte relevante Inhalte und Formulierungen dürfen Sie nicht mehr aus den Augen verlieren, Sie müssen sie für die Weiterverwertung sichern. Wenn Sie sich einen wissenschaftlichen Aufsatz kopiert oder ausgedruckt haben oder mit einem eigenen Buch arbeiten, machen Sie sich im Text Anmerkungen und markieren Sie zentrale Textstellen. Bei entlehnten Büchern ist das nicht möglich.
Notieren Sie in jedem Fall wichtige Aspekte während des Lesens – auf vorbereiteten Karteikarten, Notizzetteln oder digital. Diese gesammelten Notizen, manchmal sind das auch wörtliche Zitate, werden später – mit genauer Quellenangabe (!) – als Materialsammlung eine wichtige Grundlage für Ihre VWA sein.

Ordnen Sie diese Notizen bestimmten Kapiteln Ihres Konzeptes zu. Erstellen Sie dazu ein übersichtliches System, zum Beispiel entlang Ihrer Kapitelgliederung oder anhand von zentralen Begriffen.

3. Erstellen von Exzerpten zur Sicherung der Ergebnisse
Manche Texte sind für die eigene Arbeit von grundlegender Bedeutung. Sie führen bestimmte inhaltliche Aspekte sehr treffend aus und sind in ihrem Aufbau schlüssig. Damit Sie diese Texte später in Ihrer VWA gut verwerten können, verfassen Sie ein Exzerpt.

> „Eine effektive Methode, das Wesentliche eines Textes schriftlich festzuhalten, ist, ihn zu exzerpieren und dabei einer gewissen Struktur zu folgen. Idealerweise beinhaltet ein Exzerpt alle Informationen, die Sie für eine spätere Verwendung [...] benötigen werden." (Boeglin 2007: 114)

Exzerpieren heißt demnach, das Wesentliche eines Textes schriftlich und vor allem strukturiert – und zwar im Hinblick auf Ihre Fragestellung – zu erfassen.

Ein Exzerpt ist immer auf die spätere Verwertung ausgerichtet. Im Falle der VWA ist das die Zusammenführung verschiedener Ergebnisse aus unterschiedlichen Werken. Eventuell müssen Sie diese Ergebnisse aus Ihrer Literaturarbeit darüber hinaus noch mit den Ergebnissen eigener Forschungsmethoden in Verbindung bringen, wie zum Beispiel mit Erkenntnissen aus Beobachtungen, Interviews, Quellenstudium, Experimenten oder anderen. Damit Sie also Ihre Exzerpte später verwerten können, müssen Sie darin bestimmte Informationen festhalten:

- zentrale inhaltliche Aussagen,
- Bezugnahme zur konkreten Fragestellung,
- wörtliche Zitate, die Sie vielleicht in Ihrer VWA zitieren möchten,
- Hinweise auf andere Werke, die zu diesem Punkt Ähnliches oder Gegensätzliches aussagen,
- bibliografische Daten, damit Sie das Werk zitieren und im Quellenverzeichnis anführen, eventuell auch wiederfinden können.

BEISPIEL

Hier finden Sie ein konkretes Beispiel zu einem Werk, das im vorliegenden Band über die VWA Verwendung findet:

Titel des Buches/des Kapitels/des Aufsatzes:
Aktiv lesen. S. 109–126

Thema des Textes:
Wege zum Umgang (Annäherung, Lesen, Ergebnisse sichern) mit wissenschaftlichen Texten

Bibliografische Angaben:
Boeglin, Martha (2007): Wissenschaftlich arbeiten Schritt für Schritt. Gelassen und effektiv studieren. München, Wilhelm Fink Verlag.

Standort (bei entlehnten Werken):
Universitätsbibliothek Salzburg

Zusammenfassung (Welche wichtigen Aspekte habe ich behalten? Was ist für meine Arbeit zusammenfassend wichtig?):
Es hilft, wenn man sich bereits im Vorfeld Gedanken darüber macht, worum es im Text, den man vor sich hat, gehen wird und auf welche Fragen man sich Antworten erwartet. Wichtig ist es, zentrale Textstellen zu markieren oder sich dazu Notizen zu machen. Ausgewählte wörtliche Zitate, die man später verwenden möchte, notiert man sich gleich wörtlich – mit genauer Belegstelle (inkl. Seitenangabe!). Erkenntnisse, die man aus dem Text gezogen hat, hält man in einem Exzerpt fest.

Zitate (mit genauer Seitenangabe):
„Eine effektive Methode, das Wesentliche eines Textes schriftlich festzuhalten, ist, ihn zu exzerpieren und dabei einer gewissen Struktur zu folgen. Idealerweise beinhaltet ein Exzerpt alle Informationen, die Sie für eine spätere Verwendung […] benötigen werden." (S. 114)

Stellenwert für meine Arbeit (Für welche Kapitel kann ich diesen Text verwenden? Was ist seine zentrale Bedeutung?):
Dieses Kapitel ist sehr gut für die Darstellung des sinnvollen Umgangs mit Literatur zu verwenden! Besonders hinsichtlich der Lesetechniken. (Kapitel 6 laut Konzept)

Verweis auf andere Texte mit ähnlichen Inhalten:
Burchert, Heiko/Sohr, Sven (2005): Praxis des wissenschaftlichen Arbeitens. München, Oldenburg Verlag. 4.2 Exzerpieren, S. 60–65.

Eine derartige, sehr übersichtliche Zusammenstellung über alle gelesenen Texte ist eine hervorragende Grundlage für die spätere Auswertung und Zusammenführung der gewonnenen Erkenntnisse. Diese Exzerpte können in Karteikästen nach Kapiteln geordnet und vielleicht sogar farblich sortiert gesammelt werden. Viele werden aber lieber mit virtuellen Karteikästen am PC arbeiten. Für das digitale Aufbereiten bzw. Sammeln der Texte eignen sich sehr gut diverse Tabellenprogramme (wie z. B. Excel) oder auch sämtliche Notizbuch-Programme für den PC sowie entsprechende Smartphones oder Tablets (Evernote, Bamboo, Paperdesk …).

Titel des Buches/des Kapitels/des Aufsatzes	Aktiv lesen. S. 109–126
Thema des Textes	Wege zum Umgang (Annäherung, Lesen, Ergebnisse sichern) mit wissenschaftlichen Texten
Bibliografische Angaben	Boeglin, Martha (2007): Wissenschaftlich arbeiten Schritt für Schritt. Gelassen und effektiv studieren. München, Wilhelm Fink Verlag.
Standort (bei entlehnten Werken)	Universitätsbibliothek Salzburg
Zusammenfassung (Welche wichtigen Aspekte habe ich behalten, was ist für meine Arbeit zusammenfassend wichtig?)	Es hilft, wenn man sich bereits im Vorfeld Gedanken darüber macht, worum es im Text, den man vor sich hat, gehen wird und auf welche Fragen man sich Antworten erwartet. Wichtig ist es, zentrale Textstellen zu markieren oder sich dazu Notizen zu machen. Ausgewählte wörtliche Zitate, die man später verwenden möchte, notiert man sich gleich wörtlich – mit genauer Belegstelle (inkl. Seitenangabe!). Erkenntnisse, die man aus dem Text gezogen hat, hält man in einem Exzerpt fest.
Zitate (mit genauer Seitenangabe)	„Eine effektive Methode, das Wesentliche eines Textes schriftlich festzuhalten, ist, ihn zu exzerpieren und dabei einer gewissen Struktur zu folgen. Idealerweise beinhaltet ein Exzerpt alle Informationen, die Sie für eine spätere Verwendung […] benötigen werden." (S. 114)
Stellenwert für meine Arbeit (Für welche Kapitel kann ich diesen Text verwenden, zentrale Bedeutung?)	Dieses Kapitel ist sehr gut für die Darstellung des sinnvollen Umgangs mit Literatur zu verwenden! Besonders hinsichtlich der Lesetechniken. (Kapitel 6 laut Konzept)
Verweis auf andere Texte mit ähnlichen Inhalten	Burchert, Heiko/Sohr, Sven (2005): Praxis des wissenschaftlichen Arbeitens. München, Oldenbourg Wissenschaftsverlag. 4.2 Exzerpieren, S. 60–65.

Abbildung 14: *Beispiel für eine digitale Büchersammlung*

4. Lesen mit voller Konzentration
Wissenschaftliche Texte sind verdichtete Informationen, komplexe Sachverhalte sind darin kompakt dargestellt – und dies häufig, wie bereits erwähnt, in anspruchsvoller Sprache. Konzentration ist also wichtig, damit Sie einen Text nicht nur lesen, sondern auch verstehen. Sie können Ihre Konzentrationsfähigkeit enorm steigern, wenn Sie Ablenkungen, vor allem durch verschiedene mediale Einflüsse, ausschalten. Wenn Sie sich in einen Text vertiefen wollen, ihn wirklich erfassen, machen Sie sich auf eine gedankliche Reise. Jede Störung, zum Beispiel durch ein SMS oder ein Aufblinken in Ihrer Mailbox, bringt Sie von Ihrem Gedankenweg ab. Nach dem Lesen und Beantworten des SMS müssen Sie wieder zurück an den Start – und das eingeschaltete Handy, das ja gleich wieder aufblinken könnte, hält einen großen Teil Ihrer Aufmerksamkeit gefangen. Fokussieren Sie Ihre Aufmerksamkeit und schalten Sie störende Einflüsse von außen aus. Oberflächliche Beschäftigungen können auch parallel ablaufen, anstrengende geistige Leistungen erfordern aber genauso wie körperliche Herausforderungen eine ausschließliche Konzentration. Oder können Sie sich vorstellen, einen Kletterpartner am Seil zu sichern und gleichzeitig SMS zu schreiben?

Überfordern Sie sich aber nicht! Konzentrationsfähigkeit ist zeitlich beschränkt – die Leistungsfähigkeit steigt zwar mit der Übung, aber gut gesetzte Pausen, zum Beispiel nach einem Kapitel oder nach einem Sinnabschnitt, sind auch für geübte Leser/innen wichtig. Pausen inmitten eines Gedankengangs führen hingegen zu gedanklichen Unterbrechungen, das spätere Wiederaufgreifen des gedanklichen Flusses ist aufwändig.

Aber auch der Text selbst kann Leser/innen ablenken, indem er Denkprozesse auslöst, die die Gedanken abschweifen lassen. Boeglin (2007: 105) führt das auf einen inneren Dialog mit dem Text oder der Autorin bzw. dem Autor zurück und rät Folgendes: „Geben Sie diesem Dialog den Raum, den er verlangt: Legen Sie den Text beiseite, greifen Sie zum Stift und schreiben Sie Ihre Gedanken nieder." Machen Sie sich Ihre gedanklichen Umwege bewusst, kehren Sie danach wieder konzentriert zum Text zurück.

UNSERE TIPPS:

Sorgen Sie dafür, dass Sie für einen gewissen Zeitraum ungestört lesen können. Schalten Sie das Handy aus und melden Sie sich von Facebook ab, schließen Sie Ihre Mailbox. Nehmen Sie sich ein Kapitel, einen Aufsatz oder einen bestimmten Sinnabschnitt vor und machen Sie erst eine Pause, wenn Sie diesen Teil wirklich erschlossen haben, ihn also verstanden und exzerpiert oder sich Notizen dazu gemacht haben.

Zur Regenerierung trägt es bei, wenn Sie
- ein Glas Wasser trinken,
- ein wenig frische Luft schnappen,
- sich etwas bewegen,
- aufstehen und tief durchatmen,
- ein wenig frisches Obst oder Gemüse zu sich nehmen.

Kehren Sie anschließend wieder zu Ihrem Literaturstudium zurück und erfüllen Sie in einem Ihrer Ausdauer und Ihrer Konzentrationsfähigkeit angemessenen Rhythmus Ihr Tagespensum!

ÜBUNG

Ein Exzerpt erstellen

Exzerpt: Verwenden Sie die folgende Tabelle zur Auswertung eines wissenschaftlichen Textes Ihrer Wahl.

Titel des Buches/des Kapitels/des Aufsatzes:
Thema des Textes:
Bibliografische Angaben:
Standort (bei entlehnten Werken):

Zusammenfassung (Welche wichtigen Aspekte habe ich behalten? Was ist für meine Arbeit zusammenfassend wichtig?):

____

____

____

____

____

Zitate (mit genauer Seitenangabe):

____

____

____

____

____

Stellenwert für meine Arbeit (Für welche Kapitel kann ich diesen Text verwenden? Was ist seine zentrale Bedeutung?):

____

____

____

____

Verweis auf andere Texte mit ähnlichen Inhalten:

____

____

____

5. Fachsprache entwickeln

Wenn Sie wissenschaftliche Texte lesen, stoßen Sie immer wieder auf neue, Ihnen bislang nicht geläufige Begriffe (= Termini; Singular: Terminus). Diese müssen Sie klären, um Sinn und Gehalt eines Textes auch wirklich erfassen zu können. Da für jeden Themenbereich auch ein entsprechendes Fachvokabular existiert, tauchen einzelne Fachbegriffe im Zuge Ihrer Lektüre immer wieder auf. Sie erleichtern sich daher die Arbeit, wenn Sie diese Fachbegriffe konsequent klären und wirklich erfassen, also inhaltlich durchdringen. Verwenden Sie dazu während des Lesens ein geeignetes Begriffs- oder Fremdwörterlexikon.

Wenn Sie darüber hinaus Ihr eigenes Glossar (= Wörterverzeichnis mit Erklärungen/Definitionen) erstellen, wird es Ihnen noch viel leichter fallen, sich im Zuge Ihres Literaturstudiums die Fachsprache anzueignen, die Sie für Ihr Thema brauchen. Nehmen Sie in Ihr Glossar Schlüsselbegriffe auf, führen Sie Definitionen aus einem Fachlexikon an, erklären Sie darüber hinaus den Begriff mit Ihren eigenen Worten. Die Verwendung der Fachsprache ist explizit als Erwartung für die VWA definiert – wenn Sie einen Fachbegriff mit eigenen Worten erklären können, können Sie ihn später auch in Ihren Ausführungen kompetent verwenden.

BEISPIEL

In den Texten über den Kalten Krieg kommt immer wieder der Begriff Kommunismus vor. Ein Nachschlagewerk bietet dazu eine Definition an – das kann zum Beispiel das Politiklexikon für junge Leute (Gärtner 2008) sein. Diese Definition kann ergänzt oder durch eine zweite Erklärung erweitert werden. In der Eigendefinition wird der Begriff noch mit eigenen Worten umrissen beziehungsweise derjenige Aspekt hervorgehoben, der im konkreten Zusammenhang relevant ist.

Fachbegriff	Definition und Quelle	Eigendefinition
Kommunismus	Der Begriff Kommunismus leitet sich vom lateinischen *communis* ab, das heißt so viel wie *gemeinsam*. Der Kommunismus ist ein Herrschafts- und Politikkonzept, das von der Überlegung ausgeht, dass es kein Privateigentum an Produktionsmitteln gibt und dass der gesamte Besitz allen gemeinsam gehört. Deshalb gibt es auch eine staatliche Wirtschaftsplanung (Planwirtschaft). Vom Staat wird festgelegt, wer welche Aufgaben zu erfüllen hat. Auf diesem Weg soll eine ideale Gesellschaftsordnung entstehen. Das Konzept des Kommunismus geht auf **Karl Marx** (1818–1883) zurück und wurde von **Wladimir Iljitsch Lenin** (1870–1924) weiterentwickelt (deshalb spricht man oft auch vom Marxismus-Leninismus). Das erste kommunistische Land war die UdSSR. Nach der Oktoberrevolution von 1917 wurde Russland kommunistisch, der neue Name des Staates war ab 1922 UdSSR (**U**nion **d**er **s**ozialistischen **S**owjet**r**epubliken; Sowjetunion). Von 1924 bis 1953 war **Josef Stalin** (1878–1953) Generalsekretär der Kommunistischen Partei der UdSSR (KPdSU). Während seiner Amtszeit wurden zahlreiche Verbrechen begangen – Millionen Menschen mussten sterben (Schauprozesse, Säuberungen, Massenvertreibungen – vgl. dazu Totalitarismus, Gulag, ethnische „Säuberungen“). 1949 setzte sich der Kommunismus in China durch (**Mao-Zedong**, 1893–1976), ebenso wurden in diesen Jahren in Europa Polen, Ungarn, die Tschechoslowakei, Rumänien, Bulgarien, Jugoslawien und Albanien kommunistisch. In kommunistischen Staaten gab/gibt es üblicherweise nur eine politische Partei, die kommunistische Partei. An der Spitze des Staates stand/steht meist ein Zentralkomitee, das alle wichtigen Entscheidungen traf/trifft. Die Zeit kommunistischer Systeme in Europa ging zwischen 1989 und 1991 zu Ende. Heute gibt es den Kommunismus nur noch in wenigen Ländern (z. B. in Kuba, Nordkorea, China und Vietnam). Kommunistische Parteien aber gibt es nach wie vor in vielen Ländern (so auch in Österreich die KPÖ – Kommunistische Partei Österreichs). Quelle: Internetquelle [2]; [06.04.2016]	Die Staaten „hinter“ dem Eisernen Vorhang – aus österreichischer Perspektive betrachtet – waren kommunistisch. Im Kommunismus gibt es keine Privatwirtschaft. Kommunistische Staaten waren bzw. sind nicht demokratisch, es gibt nur die kommunistische Partei. In Europa gingen die kommunistischen Regimes zwischen 1989 und 1991 zu Ende. Kommunistische Parteien gibt es aber in vielen europäischen Ländern.

Häufig finden sich für Begriffe aber auch unterschiedliche Definitionen in den Fachbüchern. Einzelne Aspekte werden je nach Betrachtungsweise unterschiedlich gewichtet oder auch dargestellt. Verschaffen Sie sich in so einem Fall einen Überblick über die wichtigsten Definitionen und vergleichen Sie sie, um die für den jeweiligen Kontext passende Definition herauszufinden und sie für die Verwendung verfügbar zu haben.

BEISPIEL

Im Beispiel „Architektur“ aus Kapitel 4.2.1. wird der Begriff der „Zentralprojektion“ (Perspektive) und deren Ergebnis „Zentralriss“ verwendet. Wie könnte der Versuch aussehen, die in der Literatur verwendeten Definitionen und Erörterungen zu sammeln und eine favorisierte Definition herauszugreifen?

Fachbegriff	Quellen	Favorisierte Definition
„Zentralprojektion“ (Perspektive) und deren Ergebnis „Zentralriss“	Buch „Raumgeometrie“ (Pillwein, Asperl, Müllner, Wischounig; Verlag öbv hpt; 2006); Seite 5–8; Seite 61–68: 1.1 Parallelrisse und Zentralrisse 1.2 Eigenschaften der Projektionen 6.1 Grundlegende Begriffe und Eigenschaften 6.2 Durchschnittverfahren 6.3 Perspektive mit CAD Buch „Konstruktive Geometrie in der Technik“ (Hohenberg; Verlag Springer; 1966); Seite 88–124: Grundbegriffe, Durchschnittverfahren, Aufbauverfahren, Freie Perspektive, Günstige Wahl des Auges und der Bildebene, Vergleich mit der Fotografie, Spiegelungen, Umzeichnen Buch „Lehrbuch der Konstruktiven Geometrie“ (Brauner; Verlag Springer; 1985); Seite 93–143: Abbildungsvorschrift, Grundlegendes; Bemerkung: umfangreiche Darstellung Buch „Darstellende Geometrie DG 8“ (Pillwein, Müllner, Kollars; hpt; 1994); Seite 95–122: 14.1. Grundlegende Begriffe und Eigenschaften 14.2. Durchschnittverfahren 14.3. Berechnen von Zentralrissen 14.4. Freie Perspektive 14.5 Drehen von Ebenen 14.6 Zentralrisse von Kreisen	Buch „Lehrbuch der Konstruktiven Geometrie“ (Brauner; Verlag Springer; 1985); Seite 93–143: Abbildungsvorschrift, Grundlegendes; Bemerkung: ... umfangreiche Darstellung ... fundierte und grundlegende Einführung Buch „Raumgeometrie“ (Pillwein/Asperl/Müllner/Wischounig; Verlag öbv hpt; 2006); Seite 5–8; Seite 61–68: ... Ideal für den Unterricht und CAD-Verwendung

BEISPIEL

Bei der biologischen Gewässeruntersuchung kommen unterschiedliche Populationen von Wirbellosen vor. Der Begriff „Population“ ist bei ökologischen Themen ein Grundpfeiler und Sie müssen ihn daher in einer einschlägigen Arbeit unbedingt richtig verwenden. Dazu ist eine klare Definition nötig:

Fachbegriff	Favorisierte Definition	Quelle
Population	Alle Individuen einer Art (Population) sind deshalb in der Gestalt gleich (morphologischer Artbegriff) und können sich untereinander uneingeschränkt fortpflanzen (genetischer Artbegriff).	Buch „dtv-Atlas zur Ökologie“ (Heinrich/Hergt; Deutscher Taschenbuch Verlag, 1990); Seite 57
	Die Gesamtheit aller Individuen einer Art oder Rasse in einem geographischen begrenzten Verbreitungsgebiet, wobei die Einzelindividuen unbegrenzt untereinander fortpflanzungsfähig sind. Mit der Dichte und der Entwicklung einer Population befasst sich die Populationsgenetik.	Buch „Duden – Schülerduden Biologie“ (Bibliographisches Institut & F. A. Brockhaus AG; 2003)

Die gewissenhafte Aneignung einer korrekten *Fachsprache* ist ein Baustein in der eigenständigen, konzentrierten und sachverständigen Auswertung der recherchierten und vorliegenden Literatur. Dazu gehören

- das Erfassen von speziellen Begriffen eines Fachgebietes,
- die daraus folgende Benennung von Phänomenen, Objekten, Beobachtungen oder Analysen mit fachspezifischen Begriffen und
- die korrekte Einbettung dieser Begriffe in die eigenen Formulierungen.

Die Phase des Literaturstudiums dient also nicht nur der inhaltlichen Recherche, sondern zugleich auch der Aneignung von fachsprachlicher Kompetenz.
Wytrzens schreibt daher sehr treffend:

> „Die Literaturauswertung umfasst grundsätzlich ein systematisches Durcharbeiten jener Textpassagen, die für das eigene wissenschaftliche Vorhaben substantielle Beiträge versprechen. In diesem Zusammenhang sei vor einem häufigen Irrtum gewarnt: Bloßes Fotokopieren oder Downloaden ersetzt nicht die geistige Auseinandersetzung, wie manche fälschlich meinen! D. h., es gilt auf der Hut zu sein vor der Gefahr, zu fotokopieren statt zu exzerpieren, abzuheften statt durchzuackern!" (Wytrzens u. a. 2009: 102)

UNSER TIPP:

Setzen Sie sich ernsthaft mit der Fachliteratur auseinander, bemühen Sie sich um das richtige Verständnis, fassen Sie die zentralen Aussagen in eigenen Worten zusammen und klären Sie zentrale Begriffe! Das ist zwar Knochenarbeit, aber nur Sie selbst können diese Aufgabe erledigen.
Wenn Sie das Literaturstudium gewissenhaft abgeschlossen haben, haben Sie damit den Grundstein für eine sachlich fundierte und inhaltlich seriöse Arbeit geleistet. Die oben beschriebenen Schritte helfen Ihnen dabei, die verwendeten Texte zu erschließen und sie nachhaltig zu sichern – im Hinblick auf ihre Verwertung beim Verfassen der VWA und bei der Präsentation der Ergebnisse.

ÜBUNG

Ein Glossar erstellen

Verwenden Sie die folgende Tabelle in einem Textverarbeitungsprogramm Ihrer Wahl zur Erstellung Ihres persönlichen Glossars. Ordnen Sie die Begriffe alphabetisch!
Hinweis: Ein Glossar kann natürlich auch aus einer alphabetisch gereihten Karteikartensammlung bestehen.

Begriff	Definition und Quelle	Eigendefinition

6.2.6. Plagiate erkennen und vermeiden

Jede wissenschaftliche Auseinandersetzung mit einem Thema beruht auf den bereits vorhandenen Erkenntnissen, daher erfordert sie die Beschäftigung mit Fachliteratur. Sie fassen also relevante Aussagen aus der Fachliteratur zusammen, vergleichen und interpretieren sie. Die Leistung bei der (reinen) Literaturarbeit liegt demnach in der Zusammenschau und in der Verbindung vorhandener Erkenntnisse in Bezug auf die Fragestellung. Wie in diesem Kapitel bereits ausgeführt, sind die verwendeten Quellen sorgfältig zu belegen, also durchgehend anzuführen.

Diese wissenschaftliche Redlichkeit lassen manche „Wissenschaftler/innen" vermissen: Sie übernehmen mehr oder weniger große Textstellen aus anderen Publikationen, ohne diese zu belegen. Dadurch entstehen Plagiate:

> „Ein Plagiat ist nicht nur ein wörtliches Zitat ohne Anführungszeichen, sondern auch ein sinngemäßes indirektes Zitat, das den Anschein erweckt, es sei aus eigenen Erkenntnissen entstanden." (Karmasin/Ribing 2010: 113)

In der eigenen Arbeit geht es darum, ganz klar kenntlich zu machen, welche Schlüsse und Interpretationsansätze, welche Beobachtungen und Erkenntnisse von Ihnen als Verfasser/in der Arbeit selbst stammen und welche Sie von anderen Urheberinnen und Urhebern übernommen haben.

Karmasin und Ribing führen, einer Definition der Alpen-Adria-Universität Klagenfurt folgend, unter anderem die folgenden Formen des Plagiats an (vgl. ebd.):

- einzelne oder mehrere Textpassagen werden ohne Quellenangabe übernommen;
- Gedanken und Ideen werden übernommen, aber paraphrasiert oder so verändert, dass sie nicht mehr eindeutig erkennbar sind;
- Inhalte aus fremdsprachigen Werken werden – wiederum ohne Quellenangabe – übersetzt.

Derartige Handlungen sind geistiger Diebstahl und Betrug, und sie werden mit zunehmender Vehemenz und immer besseren technischen Möglichkeiten geahndet. Auf der vom Unterrichtsministerium für die vorwissenschaftliche Arbeit erstellten Website ist dazu Folgendes zu lesen:

> „Der Betreuungslehrer/die Betreuungslehrerin hat bei der Beschreibung der Arbeit (Ausfüllen des Beurteilungsrasters) die Ergebnisse der Plagiatsprüfung zu berücksichtigen." (Internetquelle [4], Handreichung. Anleitung zur Interpretation der Ergebnisse der Plagiatsüberprüfung durch Plagscan (www.plagscan.com) auf der VwA-Datenbank [04.04.2016])

Ihre Arbeit wird anhand einer Plagiatserkennungssoftware überprüft, nachdem Sie sie in die VWA-Datenbank hochgeladen haben. Sollte sich herausstellen, dass Ihre Arbeit ganz oder teilweise als Plagiat einzustufen ist, müssen Sie mit der Nichtbeurteilung Ihrer VWA rechnen.

UNSER TIPP:

Führen Sie verwendete Quellen sorgfältig und konsequent an! Das ist ein wesentliches Element wissenschaftlicher Redlichkeit, das Sie im Zusammenhang mit der VWA kennenlernen und anwenden müssen. Wie das genau geht, lernen Sie in Kapitel 6.4.3. „Zitieren".

6.3. Möglichkeiten empirischen Arbeitens

Wenn Sie empirisch arbeiten, beantworten Sie Ihre Fragestellung unter anderem auf der Basis eigener Erfahrungen, die Sie durch systematisches, methodisches Vorgehen gewonnen haben. Ihre Ausführungen stützen sich also nicht nur auf bereits in der Literatur beschriebene und ausgewertete Phänomene, sondern auch auf die eigene, sogenannte primäre Arbeit mit Quellen oder Phänomenen.

Empirisches Arbeiten ist für die VWA nicht zwingend, es kann aber – je nach Fragestellung – durchaus eine wertvolle Ergänzung darstellen oder auch notwendig sein.[1]

Je nach Fachrichtung oder Fragestellung haben Sie verschiedene Möglichkeiten, eigene Forschungen durchzuführen: Es kann sich um Beobachtungen jeglicher Art – zum Beispiel in der Natur oder in einem Labor – handeln. Sie können relevante Phänomene erfassen und/oder messen. Manchmal geht es darum, Daten zu sammeln. Bei der botanischen Untersuchung eines bestimmten Biotops bildet die Gesamtheit der erfassten und bestimmten Pflanzen das in der Folge auszuwertende Datenmaterial. Manchmal heißt empirisches Arbeiten, zu einer konkreten Fragestellung Quellen zu sammeln: Wenn Sie zum Beispiel herausfinden möchten, wie ein lokales Kulturereignis von den Menschen in der Region bewertet wird, können Ihnen lokale Zeitungsberichte oder Leserbriefe interessante Antworten auf Ihre Frage liefern. Diese Artikel und Leserbriefe müssen Sie aber erst suchen, sammeln und dann auswerten. Jeder einzelne Artikel ist in der Folge eine primäre Quelle.

Auch Fragebogenerhebungen beziehungsweise Interviews sind wichtige Möglichkeiten empirischen Forschens. (Vgl. Leopold-Wildburger/Schütze 2010: 39f.)

Empirisches Arbeiten bedeutet, eigene Untersuchungen oder Erhebungen durchzuführen, sie zusammenzuführen, auszuwerten, daraus Schlussfolgerungen zu ziehen – und diese mit den Ausführungen der aktuellen Fachliteratur in Verbindung zu bringen.

Empirisches Arbeiten ist in der Regel zeitlich aufwändig und methodisch anspruchsvoll. Überlegen Sie also gut, welche Methoden im Rahmen einer VWA überhaupt durchführbar sind. Was Sie dabei beachten müssen, zeigt Ihnen das folgende Kapitel.

6.3.1. Qualitätskriterien des eigenen Forschens

Eigenes Forschen muss sehr gut geplant sein! Am Beginn einer Untersuchung, eines Experiments oder einer Befragung steht immer Ihre Frage: „Was will ich herausfinden?" Davon ausgehend überlegen Sie sich Ihre Methode: „Wie kann ich das herausfinden?"

Wenn Sie zum Beispiel ein Interview für eine geeignete Methode halten, müssen Sie sich gut überlegen, wer Ihnen gerade zu Ihrer Frage und konkret zu welchen Punkten Auskunft geben kann und vielleicht auch will. Bevor Sie das Interview durchführen, erstellen Sie einen Interviewleitfaden. Das ist ein schlüssig aufgebauter Fragenkatalog, der Ihr Interview im Hinblick auf Ihre Fragestellung strukturiert. Folgende Überlegungen dienen als Grundlage:

- Zu welchen Punkten soll diese Gesprächspartnerin/dieser Gesprächspartner Stellung nehmen?
- In welcher Reihenfolge muss ich die Fragen stellen, damit sie sinnvoll aufeinander aufbauen?
- Wie muss ich die Fragen formulieren, damit sie klar, verständlich, im Sinne der Sache zielführend sind?

[1] Vgl. dazu die in Kapitel 4 ausgeführten Beispiele zu Arbeiten über den Kalten Krieg und über Architektur.

Fragen können frei und geschlossen formuliert sein. Wenn Sie das erste Mal einen Interviewleitfaden erstellen, ist eine möglichst geschlossene Form der Fragestellung zu empfehlen (vgl. nächstes Beispiel). Dadurch werden Ihnen die Fokussierung, also die Konzentration auf das Thema, beim Gespräch und auch die Auswertung von Gesprächen leichterfallen.

BEISPIEL

Denken Sie an das Beispiel zum Kalten Krieg! Im Exposé zum Beispiel über den Kalten Krieg war von einem Interview mit dem ehemaligen Bürgermeister die Rede. Die Idee dabei war, dieser könnte als Zeitzeuge Auskunft zur Sicherung der Grenze im Kalten Krieg, zu Grenzübergängen und zur Öffnung der Grenze geben – immer bezogen auf die konkrete Gemeinde. Im Folgenden finden Sie einen Vorschlag für die Formulierung des Interviewleitfadens mit dem ehemaligen Bürgermeister der österreichischen Grenzgemeinde, von dem im Exposé in Kapitel 4.3.1. die Rede ist. In der rechten Spalte finden sich Hinweise zum Charakter und zur Zielsetzung der einzelnen Fragen:

Fragestellung	*Charakter der Frage, damit verbundene Erwartung*
1. Wann waren Sie Bürgermeister der Gemeinde?	*Geschlossene Frage, klare Auskunft über Zeit und Dauer der Funktion (auch wichtig für die Auswertung!), einfacher Einstieg*
2. Wenn Sie an die Grenze vor 1989 denken, was fällt Ihnen spontan dazu ein?	*Offene Frage; Interviewpartner kann ganz frei assoziieren und noch nicht bedachte Punkte ansprechen*
3. Haben Sie jemals selbst das Nachbarland bzw. eine Person hinter dem „Eisernen Vorhang“ besucht? Wenn ja, zu welchem Anlass? Und welche Vorbereitungen waren nötig?	*Geschlossene Frage, sehr konkret, gibt Auskunft über eventuelle Reisetätigkeit;* *weiterführende, offenere Frage, gibt in gegebenem Fall Auskunft über legale Reisegründe oder -tätigkeit und über damit verbundene Schwierigkeiten*
4. Haben Sie einmal offiziellen Besuch aus dem Nachbarland erhalten? Wenn ja, von wem und zu welchem Anlass? Waren dazu besondere Vorbereitungen nötig?	*Wie Frage 3, nur umgekehrte Perspektive*
5. Wie viele Autos kamen Ihrer Einschätzung nach pro Tag über die Grenze?	*Geschlossene Einschätzungsfrage, kann mit den Angaben in der Literatur oder mit den Aussagen anderer verglichen werden*
6. Haben Sie von konkreten Fluchtversuchen (gelungenen/misslungenen) über die Grenze erfahren? Wenn ja, was wissen Sie darüber?	*Geschlossene und in der Folge offenere Frage, die Einblick in konkrete Beispiele geben kann*
7. Wie wurde die Grenze auf der österreichischen Seite kontrolliert?	*Geschlossene Frage, einfach zu beantworten, gibt Aufschluss über die Situation diesseits der Grenze*
8. Was fällt Ihnen ein, wenn Sie an die Öffnung denken?	*Offene Frage, die Antworten können in der Folge mit der Literatur und mit Aussagen anderer Personen in Verbindung gebracht werden*

Mit offenen Fragen können Sie bei Ihren Gesprächspartnerinnen und -partnern weitschweifige Assoziationen auslösen, die Sie im Sinne der Arbeitsökonomie höflich, aber doch abbrechen müssen. Gerade am Beginn können sie aber auch Aspekte zu Tage fördern, an die man selbst niemals gedacht hätte. Daraus kann ein hoher Erkenntnisgewinn resultieren.

Selbstverständlich ist es auch möglich, ein schriftliches Interview durchzuführen. Der Leitfaden wird von der Interviewpartnerin/dem Interviewpartner selbst aufgefüllt. Das erleichtert die Arbeit, weil bei schriftlichen Befragungen die Antworten eventuell präziser ausfallen als im persönlichen Gespräch. Und die Transkription erübrigt sich. Allerdings ermöglichen persönlich geführte Interviews häufig mehr Tiefgang; Nachfragen an wichtigen Stellen und Schwerpunktsetzungen sind möglich. Und gerade bei empathischer (= einfühlsamer) Gesprächsführung können persönlich geführte Interviews wesentlich ertragreicher sein als ausgefüllte Fragebögen.

Wie bereits erwähnt, werden Interviews aufgenommen. Nach dem Interview erfolgt auf der Basis einer Tonaufnahme die Transkription, das heißt, die Aussagen der interviewten Person werden wortwörtlich abgetippt. Da das Transkribieren sehr aufwändig ist, gilt für die VWA die Regel, dass nur diejenigen Interviewausschnitte, die inhaltlich in die Arbeit einfließen, transkribiert werden müssen. Das gesamte Interview bewahren Sie auf einem Tonträger auf. Im Transkript halten Sie auch wichtige Informationen über Ihr Gegenüber fest. Sie führen also den Namen und wichtige Angaben zur Person an, bei Zeitzeuginnen und Zeitzeugen sind dies relevante biografische Details, bei Expertinnen und Experten muss der Expert/innenstatus definiert werden. Das Transkript gehört als Quelle in den Anhang der Arbeit.

Wozu dient nun dieses Transkript? Es dient der Nachvollziehbarkeit zitierter Aussagen von Interviewpartnerinnen und -partnern. Wie bei der Arbeit mit Literatur muss nämlich auch beim eigenen Forschen nachvollziehbar sein, wie Sie zu Ihren Ergebnissen gekommen sind. Wenn Sie sich auf Aussagen von Personen beziehen, diese direkt wiedergeben oder auch beschreibend zusammenfassen, muss nachvollziehbar sein, in welchem Kontext diese Aussage erfolgte oder wie die Aussage im Originalwortlaut (= O-Ton) lautet.

So wie Sie oben für die Beantwortung einer historischen Fragestellung das Interview als mögliche Methode kennengelernt haben, könnten Sie zum Beispiel für eine geografische Fragestellung eine *Exkursion* durchführen, um an Ort und Stelle topografische Details zu erfassen. In diesem Fall müssen Sie in einem *Exkursionsbericht* (so wie oben im Transkript) alle relevanten Angaben festhalten, die Ihren Erkenntnisprozess eindeutig und nachvollziehbar dokumentieren. Dazu gehören die folgenden Angaben:

- Zeit der Exkursion
- Genaues Exkursionsgebiet; Wegverlauf
- Zielsetzung der Exkursion
- Beobachtungsmethoden
- Beobachtungen
- Visualisierungen wie Karten, Fotos oder auch Skizzen zur Unterstützung der Dokumentation (können später Eingang in die Arbeit finden)

Ähnlich gehen Sie vor, wenn Sie einen Versuch durchführen. In diesem Fall erstellen Sie ein *Versuchsprotokoll* oder einen *Laborbericht,* der Ihre Vorgangsweise eindeutig und nachvollziehbar wiedergibt. Dazu müssen Sie wiederum folgende Angaben machen (vgl. Kremer 2010^{3}: 47f.):

- Welche Materialien haben Sie verwendet?
- Welche Versuchsobjekte haben Sie eingesetzt?
- Welche Analysemethode haben Sie angewendet und wie ist die Versuchsdurchführung abgelaufen?
- Welche Rohdaten haben Sie erhalten?
- Wie haben Sie diese ausgewertet?

Auf der Website www.ahs-vwa.at finden Sie unter „Wissenschaftliche Arbeitsweisen (Methoden)" eine Reihe von konkreten Vorschlägen zu unterschiedlichen Methoden empirischen Arbeitens.

Bei allen Exkursionen, Versuchen, Experimenten, Programmierungen, Befragungen oder auch bei händischen oder digitalen Konstruktionen dokumentieren Sie Ihren Erkenntnisprozess – nachvollziehbar und eindeutig.

BEISPIEL

Das folgende Prozessprotokoll einer Konstruktion eines Autos ist dafür ein weiteres Beispiel. Aus dem insgesamt 53 A4-Seiten umfassenden Protokoll aus einer Fachbereichsarbeit (FBA) aus dem Jahr 2009 wird hier lediglich ein kurzer und komprimierter Ausschnitt – nämlich die Erstellung eines Scheinwerfers – angeführt. Pujan (2009) beschreibt in der Dokumentation für die Leserin/den Leser klar und gut nachvollziehbar die einzelnen Konstruktionsschritte sämtlicher Teilobjekte eines Autos – einerseits mittels Screenshot und andererseits anhand der sich direkt neben dem Screenshot befindlichen geometrischen bzw. konstruktiven Beschreibung des jeweiligen Konstruktionsschrittes. Ziel der FBA war es, ein modernes Auto mit einem professionellen Computerkonstruktionsprogramm zu generieren und zusätzlich Kurven- und Flächentheorie zu erörtern.

Scheinwerfer:

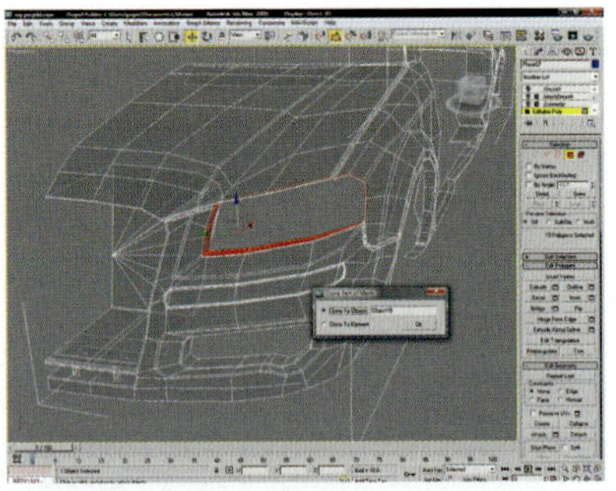	An der Karosserie markieren wir den Bereich, der die Außenwand des Scheinwerfers ist.

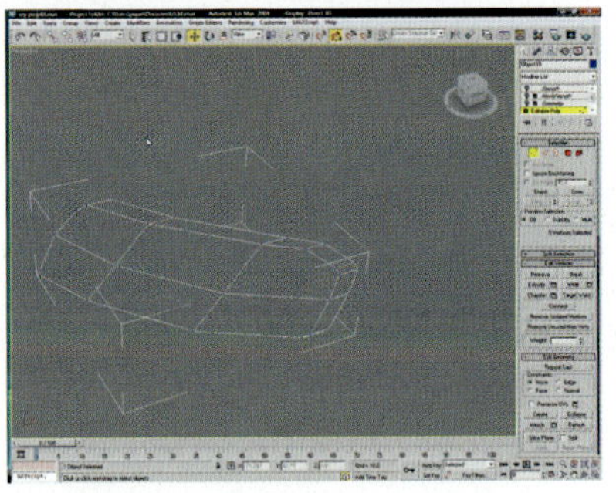	Nun wird die „Glas"fläche markiert, hier rot markiert, und mit dem Tool Inset Polygon bearbeitet. Dadurch bekommt das Objekt (= Fläche) einen neuen Rand.

Das Glas:

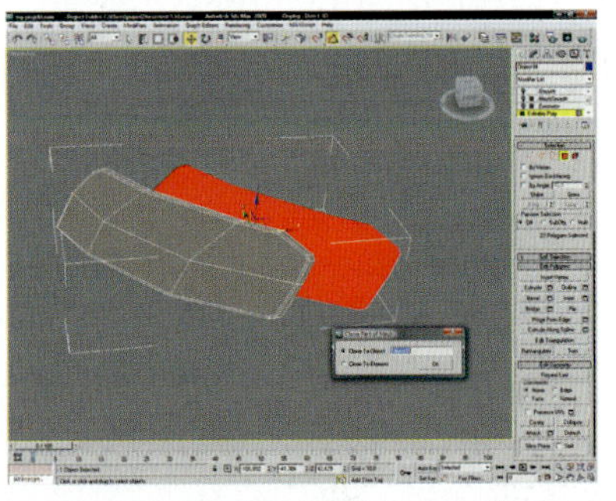	Nun wird die Fläche kopiert und nach hinten gezogen, hier rot markiert. Dann wird die neue Fläche, hier rot markiert, mit dem Tool flip bearbeitet und an die Kante des ersten Glases angenähert und vereinigt, indem man alle Vertex-Punkte markiert und sie dann mit dem Tool weld verbindet.

Scheinwerfer:

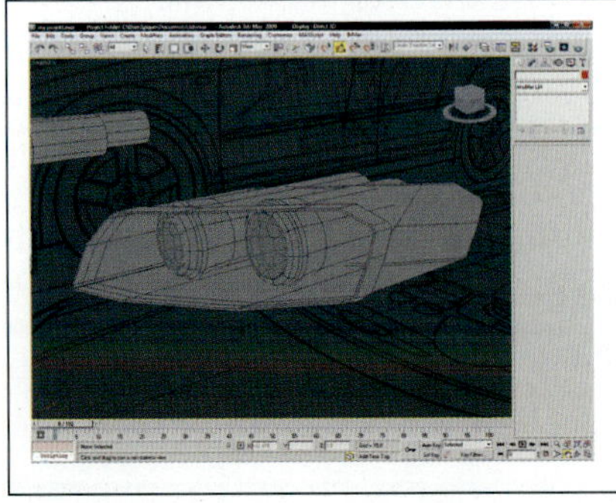	Nun werden beide vorderen Tube-Flächen mit dem Tool Inset polygon bearbeitet. Dadurch erhalten beide Kreise einen weiteren Innenkreis.

Abbildung 15: Ausschnitt aus dem Protokoll einer Fachbereichsarbeit (Pujan 2009: 43–46)

BEISPIEL

Eine Schülerin konzentriert sich bei ihrer VWA auf die chemisch-physikalische Gewässeranalyse. Dabei könnte das Protokoll folgendermaßen aussehen:[2]

<table>
<tr><td>Name, Klasse</td><td colspan="6">Martina Musterfrau, 7d</td></tr>
<tr><td>Betreuer</td><td colspan="6">Mag. Gustav Grün</td></tr>
<tr><td>Thema</td><td colspan="6">Chemische Gewässeranalyse des Auersbaches</td></tr>
<tr><td>Ort und Datum der Durchführung</td><td colspan="6">Kornberg, im Bereich des Truppenübungsplatzes
12. Juli 20..</td></tr>
<tr><td>Bezeichnung des Experiments</td><td colspan="6">Erstellung einer chemisch-physikalischen Analyse der Wasserqualität des Auersbaches</td></tr>
<tr><td>Zielsetzung</td><td colspan="6">Gewinnung von chemischen Daten zur Gewässergütebestimmung</td></tr>
<tr><td>Verwendetes Material und Geräte</td><td colspan="6">Protokollblatt, Bleistift, Schreibunterlage, Thermometer, Zollstock, Holzstück, Gewässeranalysekoffer[3] zur chemischen Wasseruntersuchung folgender Parameter: pH-Wert, Sauerstoffgehalt, Wasserhärte, Ammonium (ca. 0–10 mg/l), Nitrit (ca. 0–1 mg/l), Nitrat (ca. 0–50 mg/l) und Phosphat (ca. 0–1 mg/l), 200-ml-Messzylinder und Sammelgefäße</td></tr>
<tr><td>Durchführung der Untersuchung</td><td colspan="6">Für die Messung der Wassertemperatur wird das Thermometer direkt ins Wasser gehalten und die Temperatur abgelesen.
Die Durchführung richtet sich nach den Reagenzien des gewählten Gewässeranalysekoffers und ist entsprechend der Anleitung durchzuführen.
Zur Messung der Fließgeschwindigkeit wird der zwei Meter lange Zollstock am Uferrand ausgelegt und dann wird die Zeit mitgestoppt, wie lange das Holzstück im Wasser für das Zurücklegen der zwei Meter benötigt. Daraus kann die Fließgeschwindigkeit errechnet werden.</td></tr>
<tr><td rowspan="14">Beobachtungen, Ergebnisse</td><td>Untersuchung</td><td>Station A</td><td>Station B</td><td>Station C</td><td>Station D</td><td>Station E</td></tr>
<tr><td>Uhrzeit</td><td>14:00</td><td>14:30</td><td>15:00</td><td>15:30</td><td>16:00</td></tr>
<tr><td>Lufttemperatur</td><td>26 °C</td><td>25,4 °C</td><td>25,6 °C</td><td>24,9 °C</td><td>25,3 °C</td></tr>
<tr><td>Wassertemperatur</td><td>17,8 °C</td><td>18,1 °C</td><td>17,3 °C</td><td>15,9 °C</td><td>16,5 °C</td></tr>
<tr><td>Geruch</td><td>schwach</td><td>geruchlos</td><td>geruchlos</td><td>geruchlos</td><td>geruchlos</td></tr>
<tr><td>Trübung</td><td>leicht getrübt</td><td>leicht getrübt</td><td>klar</td><td>klar</td><td>klar</td></tr>
<tr><td>Strömungsgeschw. m/s</td><td>1,2</td><td>1,4</td><td>1,4</td><td>1,6</td><td>1,8</td></tr>
<tr><td>pH-Wert</td><td>7,4</td><td>6,5</td><td>6,9</td><td>6,4</td><td>7,1</td></tr>
<tr><td>Sauerstoffgehalt mg/l</td><td>11</td><td>13</td><td>12</td><td>13</td><td>14</td></tr>
<tr><td>Wasserhärte in °dH</td><td>3</td><td>5</td><td>4</td><td>3</td><td>5</td></tr>
<tr><td>Ammonium (NH_4^+) mg/l</td><td>0,9</td><td>0,7</td><td>< 0,1</td><td>0,2</td><td>< 0,1</td></tr>
<tr><td>Nitrit (NO_2^-) mg/l</td><td>0,04</td><td>0,05</td><td>0,03</td><td>0,04</td><td>0,04</td></tr>
<tr><td>Nitrat (NO_3^-) mg/l</td><td>3,7</td><td>2,7</td><td>2,5</td><td>1,8</td><td>0,9</td></tr>
<tr><td>Phosphat (PO_4^{3-}) mg/l</td><td>0,3</td><td>0,19</td><td>0,14</td><td>< 0,1</td><td>< 0,1</td></tr>
<tr><td>Erkenntnisse</td><td colspan="6">Mittels der Untersuchungsergebnisse wird gemäß der Wichtung der chemische Index berechnet. Mit dem chemischen Index kann die Gewässergüte bestimmt werden. Der chemische Index und die daraus resultierende Gewässergüte werden im Kapitel „Ergebnisse“ besprochen.</td></tr>
<tr><td>Weiterführende Annahmen</td><td colspan="6">Es könnte zu verfälschten Werten des Sauerstoffgehalts gekommen sein, da dieser direkt an der Untersuchungsstelle gemessen werden muss. Für die oben eingetragenen Werte mit Ausnahme der Temperaturwerte und der Strömungsgeschwindigkeit wurden Wasserproben in Sammelgefäßen mitgenommen und zu einem späteren Zeitpunkt bestimmt.</td></tr>
<tr><td>Literaturhinweise</td><td colspan="6">Klee, Otto (1998[3]): Wasser untersuchen. Einfache Analysemethoden und Beurteilungskriterien. Heidelberg/Wiesbaden, Quelle und Meyer.
Rump, Hans H. (1998): Laborhandbuch für die Untersuchung von Wasser, Abwasser und Boden. Weinheim, John Wiley & Sons.
Gewässergüte-Bewertung: Chemisch-physikalische Parameter: http://www.bachpatenschaften.de/texte/31gewaesserguete_chemie.html [05.04.2016]</td></tr>
</table>

[2] Gewässeranalysekoffer sind im Fachhandel oder im Internet erhältlich; die Zusammensetzung der Analysekoffer kann leicht variieren.

Die oben ausgeführten Beispiele sollen Ihnen zeigen, wie unterschiedlich die Methoden für eigenes Forschen sind, die Sie je nach Fragestellung und Fachgebiet anwenden können. Und diese Beispiele lassen sich durch viele andere ergänzen: Zu historischen Fragestellungen können Sie mit historischen Quellen wie Fotos aus Familienarchiven, Zeitungsberichten oder Denkmälern arbeiten. Für historische oder geografische Fragen können Statistiken in Gemeinde- oder anderen Archiven unter Umständen wertvolle Materialien für eine eigene Interpretation und Auswertung liefern. Für Experimente und Versuche können neben dem Protokoll auch noch Fotoprotokolle oder Zeichnungen angefertigt werden.

Das Prinzip beim Arbeiten mit Quellen ist immer das gleiche: Sie müssen dokumentieren, wo sich Ihre Quelle befindet (Privatbesitz, Archiv, genaue Angabe des Ortes) oder wo sie erschienen ist.
In der Folge ist eine Quelle methodisch kompetent, also quellenkritisch, auszuwerten. Dazu dienen Fragen wie die folgenden:

- Wer hat die Aufnahme gemacht, die Grafik erstellt, die Quelle produziert?
- In welchem Zusammenhang und zu welchem Zweck wurde sie produziert?
- In wessen Auftrag und zu welcher Zeit entstand die Quelle?
- Was zeigt sie, was verschweigt sie? Welche Aspekte eines Themas werden dargestellt, welche außer Acht gelassen?
- Welche Zusatzinformationen gibt es (z. B. auf der Rückseite eines Fotos, als Bilduntertext, als Kommentar)?
- Welche Wertungen werden dabei vorgenommen?

Quellen erfordern bei der Auswertung eine Kontextualisierung, sie müssen also in einen bestimmten, für Ihre VWA relevanten Zusammenhang gestellt werden. Außerdem müssen Sie eventuelle Schlussfolgerungen durch weitere Quellen untermauern: Aus *einem* Foto, das einen lachenden Soldaten zeigt, können Sie nicht schließen, dass er die Zeit im Krieg genossen hätte. *Ein* Zeitungsbericht zu einem Thema kann noch nicht belegen, dass ein Thema irgendwann gesellschaftlich massiv diskutiert wurde. *Ein* Bauwerk einer bestimmten Architekturrichtung lässt keine Aussage über einen allgemeinen Trend zu.
Diese Form der Quellenarbeit ist natürlich in allen Untersuchungsgegenständen gefordert, wobei die jeweilige Fachrichtung unterschiedliche Zugänge und Fragen verlangt.

Während Interviews, einzelne Beobachtungen, kleine Experimente, Konstruktionen oder auch die Arbeit mit Quellen durchaus in einer VWA vorkommen können, sind Fragebogenerhebungen für eine VWA sowohl aus zeitlichen als auch aus methodischen Gründen wenig empfehlenswert. Sie dienen als Grundlage für quantitative Untersuchungen, das heißt, sie müssen eine repräsentative Stichprobe (= eine für eine bestimmte Gruppe möglichst charakteristische Auswahl an Personen, die den Fragebogen ausfüllen) erfassen und in der Folge statistisch ausgewertet werden.

UNSER TIPP:

Auch wenn es nicht zwingend vorgeschrieben ist: Es kann durchaus spannend sein, eigenes Forschen in die VWA einzubauen. Das kann zum Beispiel das eine oder andere Interview sein, Sie können mit primären Quellen wie Fotos oder Zeitungsartikeln arbeiten oder auch kleinere, bewältigbare Versuche durchführen. Vermeiden Sie aber technisch oder methodisch aufwändige Untersuchungen, die Ihre zeitlichen, organisatorischen und technischen Ressourcen überschreiten.

6.3.2. Kontaktstellen für eigenes Forschen

Ein Interview mit einer Expertin oder einem Experten klingt vielversprechend, doch wie kommen Sie zu einer Expertin/einem Experten? Ein Interview mit einer Zeitzeugin oder einem Zeitzeugen könnte wertvoll und interessant sein, doch wie finden Sie heraus, wer dafür infrage kommt? Statistiken wären gut, doch wo sind sie zu finden? Alte Zeitungsartikel zu studieren wäre spannend, doch wie kommen Sie an diese heran? Ein Experiment könnte faszinierend sein – doch wie und wo können Sie dieses durchführen?

Tatsächlich ist es immer eine Herausforderung, spannende Quellen, interessante Interviewpartner/-innen oder optimale Laborbedingungen vorzufinden. Nehmen Sie sich daher nicht zu viel vor: Nicht die Nobelpreisträgerin muss Ihre Gesprächspartnerin sein, kein sensationeller Quellenfund wird für Ihre Analyse erwartet, niemand verlangt von Ihnen ein bahnbrechendes Experiment zu einem Thema.

Expertinnen/Experten sind Personen, die mit einer bestimmten Technik oder in einem speziellen Bereich arbeiten – möglicherweise steht eine Mitarbeiterin/ein Mitarbeiter eines Unternehmens in der Nähe zur Verfügung. An Universitäten und Fachhochschulen gibt es Expertinnen und Experten für unterschiedlichste Fragestellungen.

Wichtige Ansprechpartner/innen sind auch Mitarbeiter/innen in **Non-Governmental Organisations (NGOs)**, die in unterschiedlichsten Bereichen tätig sind, so zum Beispiel im Umweltschutz oder im sozialen Bereich. Aber auch in **Behörden**, **in kleineren**, **regionalen oder lokalen Vereinen**, **Verbänden**, **Selbsthilfegruppen oder Interessenvertretungen sowie Dokumentationsstellen und Archiven** finden sich Ansprechpartner/innen zu den unterschiedlichsten Fragestellungen und spannendes Quellenmaterial.

Wenn Sie für Ihre Arbeit alte Zeitungsausgaben durchsehen möchten, können Sie dies in **Universitätsbibliotheken** tun. Aber auch die **Zeitungsverlage** selbst verfügen über analoge (= gedruckte Zeitungen) und/oder digitale Archive (= über das Netz abrufbare und häufig auch verfügbare Artikel). **Gemeinde-, Stadt- und Landesarchive, kirchliche Archive und Museen** sind für viele Fragestellungen wahre Fundgruben. Gerade zu regionalen Fragestellungen können Sie dort wertvolle Quellen finden.

Für naturwissenschaftliche Experimente und Untersuchungen ist natürlich die Zusammenarbeit mit **Lehrpersonen** nötig, wenn diese in der Schule stattfinden sollen. Eine rechtzeitige Abklärung darüber, ob ein geplantes Experiment überhaupt möglich ist und wann es durchgeführt werden kann, ist dringend nötig!

Lassen Sie die Ergebnisse aus Ihren eigenen Untersuchungen in diejenigen inhaltlichen Kapitel einfließen, zu deren Beantwortung sie wesentliche Erkenntnisse liefern. Das oben angeführte Interview mit dem Bürgermeister ist also kein eigenes Kapitel, sondern es dient als *eine* von *mehreren Quellen* zu den unterschiedlichen Kapiteln der VWA. Bringen Sie die Aussagen Ihrer Interviewpartnerin/Ihres Interviewpartners mit den Darstellungen in der wissenschaftlichen Literatur in Verbindung, stellen Sie sie gegenüber, arbeiten Sie Parallelen heraus, zeigen Sie Unterschiede oder Widersprüchlichkeiten auf. Die Zusammenschau von Literatur und von Ergebnissen des eigenen Forschens ergibt die Antwort auf die Fragestellung.

Sie können Experimente, Exkursionen oder Interviews aber auch in einem eigenen Kapitel auswerten. In diesem Fall schließt dieses Kapitel an die theoretischen, literaturbasierten Ausführungen an. Ihre eigenen Untersuchungsergebnisse bauen darauf auf. Dabei kann es sich sowohl um bestätigende Erkenntnisse als auch um überraschende, mit der gängigen Literatur in Widerspruch stehende Ergebnisse handeln.

UNSER TIPP:

Stellen Sie die Beschreibung und Auswertung Ihrer eigenen Forschungstätigkeit auf jeden Fall in den Kontext Ihrer Arbeit. Experimente, Interviews oder Quellenanalysen sind kein isolierter Teil Ihrer VWA, sondern sie stehen in einem eindeutigen inhaltlichen Zusammenhang zur Fragestellung und zum Theorieteil. Durch folgende Formulierungen können Sie diese Bezüge zu Ihren theoretischen Ausführungen herstellen:

- Die Versuchsanordnung führte zu einem anderen Ergebnis, als in der Literatur beschrieben.
- Die Erinnerungen in diesem kleinen Ort an der österreichischen Grenze decken sich mit den Erkenntnissen der Historiker/innen.
- Die Angaben von Frau Wichtig decken sich mit den Beschreibungen in der Fachliteratur.

ÜBUNG

Eigenes Forschen

Ein Interview führen – einen Interviewleitfaden erstellen

Die verschiedenen Formulierungsvorschläge sind natürlich entsprechend Ihrem Thema anzupassen und zu überarbeiten, sie können aber als Schablonen für ein erfolgreiches Interview dienen!

Zweck der Aussage/Frage	Formulierungsmuster
Kontakt aufnehmen, Beziehungsebene aufbauen, Vertrauen herstellen, Erwartungen klären, Unsicherheiten ausräumen	„Guten Tag, Frau/Herr ... Ich freue mich, dass Sie sich für dieses Gespräch Zeit genommen haben. Wir werden für das Gespräch ca. eine Stunde brauchen. Wenn Sie auf eine Frage keine Antwort geben möchten, bitte ich Sie, mir das gleich mitzuteilen. Wenn es Ihnen recht ist, werde ich das Interview aufnehmen, damit ich mit meiner ganzen Aufmerksamkeit bei Ihnen sein kann und nicht durch das Mitschreiben abgelenkt werde. Haben Sie zu meiner Person oder zu meiner Arbeit noch Fragen oder können wir beginnen?“
Inhaltlichen Einstieg schaffen, zum Thema hinführen, Bezug zum Thema klarstellen	„In Ihrer Funktion als .../aufgrund Ihrer Tätigkeit im Bereich .../als Angehörige/r von .../als Vertreter/in von .../als Betroffene/r ... sind/waren Sie sehr intensiv mit dem Thema ‚X‘ befasst. Wie lang/wann/seit wann waren/sind Sie damit/mit dem Thema beschäftigt/in dieser Funktion tätig ...?“
Freie Assoziationen anregen, Unbedachtes zu Tage fördern	Wenn Sie an diese Periode/Zeit/Tätigkeit/an dieses Thema denken, was fällt Ihnen spontan dazu ein?
Konkretes in Erfahrung bringen	„Was sagen Sie zu ...?“ „Wissen Sie, dass ...?“ „Haben Sie Erfahrungen gemacht mit ...?“ „Was wissen Sie über ...?“
Individuelle Perspektiven öffnen	„Was fällt Ihnen ein, wenn Sie sich an ... erinnern?“ „Wie schätzen Sie die zukünftige Entwicklung ein?“ „Was würden Sie Betroffenen raten?“ „Worüber wundern Sie sich im Zusammenhang mit diesem Thema am meisten?“
Abschluss finden, Wertschätzung ausdrücken, über weitere Vorgangsweise informieren, sich für das Interview bedanken	„Frau/Herr ..., ich bedanke mich sehr herzlich für dieses Interview, in dem ich viele wichtige Informationen erhalten habe. Ich werde das Interview transkribieren und Ihre Aussagen in meine Arbeit einfließen lassen. Wenn Sie möchten, gebe ich Ihnen gerne die schriftliche Version zur Durchsicht.“

Formulieren Sie nun Ihre eigenen Fragen!

ÜBUNG

Ein Interview durchführen – Angaben zur Person festhalten

Um den Stellenwert der Aussagen einer Interviewpartnerin/eines Interviewpartners dokumentieren zu können, sind ein paar Angaben zur Person wichtig. Sofern diese nicht bekannt sind, sind sie spätestens am Ende des Interviews, noch besser aber schon zu Beginn zu erfragen:

Genauer Name	
Kontaktdaten (für ev. Nachfragen)	
Bezug zum Thema (Expertin/Experte, Betroffene/r, Zeitzeugin/-zeuge, Entscheidungsträger/in ...)	

ÜBUNG

Mit einer Quelle arbeiten – Leitfaden zur Analyse

Bildliche, schriftliche, audiovisuelle oder gegenständliche Quellen (vgl. Schneider 2010: 23, 375 und 541; Bergmann/Schneider 2010: 225) dienen für verschiedenste Arbeiten als bedeutsame Grundlage. Im Wesentlichen sind dabei zwei Verfahrensschritte wichtig: die Analyse und die Interpretation und Wertung (vgl. Schneider 2010: 24):

Klärung der Art der Quelle: Foto, Film, Dokumentation, Zeitungsartikel, Urkunde, Brief, Gegenstand ...	
Klärung des Inhaltes: Was ist darauf/darin dargestellt, beschrieben, sichtbar, enthalten ...?	
Klärung der Art der Darstellung: Auf welche Art ist der Inhalt dargestellt (sachlich, neutral, in welcher Anordnung, Farbgestaltung ...)?	
Klärung des Kontextes: Wer ist Urheber/in, Auftraggeber/-in, Eigentümer/in ...? Welche Absicht steckt hinter der Entstehung (Kunst, Werbung, Dokumentation, Verwaltung, ökonomisches Interesse ...)? Unter welchen Bedingungen entstand die Quelle (wirtschaftliche und politische Situation, persönliche Situation von Urheber/in ...)?	
Interpretation: Welche Aussage steckt in der Quelle? Welche Erkenntnisse lassen sich daraus in Bezug auf die Fragestellung ziehen?	

ÜBUNG

Ein Experiment durchführen – Vorschlag für das Protokoll

Wenn Sie ein Experiment durchführen wollen, müssen Sie Ihre Vorgangsweise genauestens dokumentieren. Hier ein Vorschlag für ein Protokoll zu einem Experiment, das sich bei entsprechender Adaption auf unterschiedliche Versuche, Exkursionen, Beobachtungen übertragen lässt:

Name, Klasse	
Betreuer/in	
Themenbereich	
Ort und Datum der Durchführung	
Bezeichnung des Experiments	
Zielsetzung (Was will ich mit diesem Experiment herausfinden?)	
Verwendete Materialien und Geräte (genaue und vollständige Auflistung, exakte Mengenangaben)	
Durchführung des Experiments (korrekte und kompakte Zusammenfassung der Vorgangsweise, genaue Zeitangaben, exakte Mengenangaben, Beschreibung der einzelnen Arbeitsschritte)	
Beobachtungen, Ergebnisse (Notizen auch in Form von Grafiken, Diagrammen, Tabellen)	
Erkenntnisse (Interpretation der Ergebnisse – ausschließlich auf den beobachteten Fakten beruhend)	
Weiterführende Annahmen, Hypothesen, Überlegungen, neue Fragen, die sich aus dem Experiment ergeben haben	
Literaturhinweise (verwendete Bücher, wissenschaftliche Artikel, Internetlinks – in exakter Zitierweise)	

6.4. Die Schreibarbeit

Wenn Sie die Fachliteratur gelesen und ausgewertet und Ihre eigenen Untersuchungen abgeschlossen haben, beginnt die Schreibarbeit: Sie stellen nun also Ihre Erkenntnisse und Ergebnisse schriftlich dar, Sie formulieren die Antworten auf Ihre Fragestellung. Dabei gehen Sie kapitelweise entlang Ihres Konzeptes vor.

6.4.1. Der wissenschaftliche Stil

Wissenschaftliche Texte sind Sachtexte. Sie stellen darin die Fragestellung, Ihre Herangehensweise, Ihre Methoden und auch Ihre Ergebnisse klar nachvollziehbar dar. Yomb May (2010: 69) formuliert folgenden Anspruch: „Der Schreibstil soll die Lektüre und das Verständnis erleichtern." Aber welche Kriterien muss geschriebene Sprache erfüllen, damit sie diesem Anspruch gerecht wird?

Beachten Sie die folgenden Punkte, damit Ihre Arbeit gut lesbar ist. In den anschließenden Beispielen finden Sie konkrete Anregungen (vgl. Bänsch 1995[4]: 18–27; May 2010: 69f.; Wytrzens u. a. 2009: 119–121):

- Ein übersichtlicher Satzbau unterstützt die Klarheit der Aussagen. Einem Hauptsatz folgen maximal zwei Nebensätze. Die Hauptaussagen erscheinen in Hauptsätzen, Nebensächliches findet in Nebensätzen Platz.
- Wissenschaftliche Sprache ist klar und präzise. Präzision schaffen Sie, indem Sie genau formulieren, auf Phrasen und Gemeinplätze verzichten, Fachbegriffe verwenden und diese geschickt einbetten. Schreiben Sie über einen „Fluss" und nicht über „ein Gewässer", wenn Sie einen Fluss meinen. Sprechen Sie von einer „Zeitzeugin" und nicht von „einer alten Frau, die etwas erzählt". Vermeiden Sie Vermutungen, umgangssprachliche Formulierungen, Abschwächungen Ihrer Aussagen oder verschwommene Darstellungen – diese beeinträchtigen die Aussagekraft Ihres Textes.
- Argumentieren und belegen Sie Ihre Aussagen. Stützen Sie Ihre Feststellungen also auf Ausführungen in der Fachliteratur, die Sie eindeutig belegen (vgl. Kapitel 6.4.3. „Zitieren"), auf nachvollziehbare Beispiele und auf nachweislich in der Forschungsarbeit gemachte Beobachtungen, Erfahrungen und Erkenntnisse.
- Gliedern Sie Ihre Arbeit zusätzlich zur Kapitelgliederung durch Absätze, die jeweils *einen* ausgeführten Gedanken beinhalten. Ein Absatz umfasst immer mehrere Sätze. Absätze und Kapitel bauen aufeinander auf, folgen also einer inhaltlichen Logik.
  Mit dieser Gliederung geben Sie Ihren Ausführungen eine inhaltliche Struktur.
- Sorgen Sie für einen guten Lesefluss, indem Sie Formulierungen zur Textverknüpfung verwenden. Beispiele dafür sind: „daraus folgt; wie bereits weiter oben/in Kapitel 1 erwähnt; somit; folglich; darüber hinaus; andererseits; im Gegensatz dazu; die Frage nach ... wird das nächste Kapitel beantworten". So stellen Sie zwischen Sätzen, Absätzen und Kapiteln Verbindungen her. Sie illustrieren Zusammenhänge, inhaltliche Konsequenzen oder auch Gegensätze und Widersprüche, Sie verweisen auf bereits Gesagtes zurück oder kündigen Folgendes an.
  Die Leserin/der Leser erhält auf diese Weise Orientierung, die Fachliteratur spricht von Leser/innensteuerung.
- Vermeiden Sie Formulierungen wie „ich meine ..." oder „meiner Meinung nach ...". Schließlich geben Sie in Ihrer VWA nicht Ihre persönliche Meinung wieder, sondern Ihre Ausführungen sollen intersubjektiv – also für verschiedene Betrachter/innen gleichermaßen – gültig sein, indem Sie einen klar nachvollziehbaren Sachverhalt darstellen. Ein „Ich" im Text formuliert einen persönlichen Standpunkt, der nur im Vorwort berechtigt ist.
- Lassen Sie Füllwörter, Übertreibungen und umgangssprachliche Formulierungen, leere Floskeln, Wort- und Gedankenwiederholungen weg! Diese beeinträchtigen einen Text ebenso wie Gedankensprünge.

UNSER TIPP:

Lassen Sie sich beim ersten Schreiben von diesen Regeln nicht hemmen! Widmen Sie sich erst in der Überarbeitungsphase ganz gezielt der Verbesserung Ihres Stils im Sinne der Wissenschaftlichkeit. Feilen Sie an Ihren Formulierungen, indem Sie oben genannte Schwächen identifizieren und systematisch bereinigen. Das kostet in Summe weniger Zeit, da Sie sich nicht beim Schreiben blockieren.

BEISPIEL

Wie Sie stilistische Schwächen identifizieren und systematisch verbessern können, zeigen Ihnen die folgenden Beispiele, die ausgehend von einem Erstentwurf eine gelungene Überarbeitung anbieten.

Entwurf	Kommentare
Ich glaube halt schon, dass die Öffnung des Eisernen Vorhangs gut für die Menschen war. Das sagt einem ja der Hausverstand, dass so eine Grenze nichts bringt.	▪ *„Ich glaube“: persönliche Meinung* ▪ *„halt“: umgangssprachlich, abschwächend* ▪ *„der Hausverstand“: beruft sich auf nicht überprüftes und nicht überprüfbares Alltagswissen, das hat keine Berechtigung in einer wissenschaftlichen Arbeit* ▪ *„… dass so eine Grenze nichts bringt“: Allgemeinplatz, der keine Aussage beinhaltet*
Kernaussage: Der Fall des Eisernen Vorhangs war aus verschiedenen Gründen ein Vorteil für die Menschen.	
Überarbeitung	**Kommentare**
Die Öffnung der Grenze bedeutete für die Menschen der betroffenen Länder vor allem das Gefühl und die Erfahrung von Freiheit. Wie sehr vor allem unmittelbar nach der Öffnung dieses Gefühl die Menschen beeindruckte, zeigt die folgende Aussage aus einem Interview mit einer Zeitzeugin: „Wir haben geweint vor Freude, als wir auf einmal einfach über die Grenze gehen konnten.“ Die Historikerin Maria Muster schreibt dazu: „…“ (Muster 2010: X)	▪ *Sachliche Darstellung* ▪ *Konkrete Benennung des Gewinns für die Menschen* ▪ *Beleg durch eine Quelle (Zeitzeugin)* ▪ *Berufung auf Fachliteratur (direktes oder indirektes Zitat, Beleg anführen)*

Entwurf	Kommentare
Wenn man sich mit der Problematik der Schadstoffemissionen in der Gemeinde Hintertupfing beschäftigt, also wissen möchte, wer die Emissionen verursacht, und dabei auch noch Lösungen entwickeln möchte, die der Gemeinde helfen könnten, diese Emissionen in den Griff zu bekommen, so merkt man gleich, dass das gar nicht so einfach ist, weil vieles, was man sich ausdenkt, überhaupt nicht umsetzbar ist.	▪ *Schachtelsätze* ▪ *Wortwiederholungen (möchte)* ▪ *Viele Konjunktivformen* ▪ *„überhaupt nicht“: umgangssprachlich* ▪ *„… dass das gar nicht so einfach ist“: überflüssige Formulierung, Gemeinplatz, ohne Aussage* ▪ *„… was man sich ausdenkt“: umgangssprachlich*
Kernaussage: Die Schadstoffemissionen der Gemeinde Hintertupfing resultieren aus verschiedenen Quellen. Diese muss man zuerst identifizieren und dann spezifische Lösungen entwickeln.	
Überarbeitung	**Kommentare**
Schadstoffemissionen sind ein komplexes Thema. So gibt es allein in der Gemeinde Hintertupfing unterschiedlichste Verursachergruppen, die in einem ersten Schritt identifiziert werden müssen. In weiterer Folge sind genaue Berechnungen über die jeweils anfallenden Emissionen anzustellen. Die Ergebnisse bilden die Grundlage für die zu erarbeitenden Maßnahmen, deren Umsetzbarkeit von Anfang an zu bedenken ist.	▪ *Klarer Satzbau, Hauptinformationen in den Hauptsätzen, Nebeninformationen in den Nebensätzen* ▪ *Klare Sprache (keine Konjunktive, keine umgangssprachlichen Formulierungen)* ▪ *Leser/innensteuerung durch „so“, „in weiterer Folge“* ▪ *Klare Beschreibung der Vorgangsweise*

UNSER TIPP:

Bemühen Sie sich vor allem in einer sorgfältigen und gewissenhaften Überarbeitungsphase um gute Lesbarkeit. Wenn Sie treffend und verständlich formulieren, wird Ihr Text gerne gelesen und – besonders wichtig – auch richtig verstanden. Achten Sie daher auf klare Formulierungen ebenso wie auf normative Sprachrichtigkeit, also regelkonforme Rechtschreibung und Grammatik. Wörterbücher, Rechtschreibprogramme und Korrekturleser/innen helfen Ihnen dabei! (Vgl. dazu Kapitel 7)

ÜBUNG

Text überarbeiten – wissenschaftlichen Stil erkennen

Lesen Sie die folgenden Formulierungen und entscheiden Sie, ob Sie sie in einer VWA verwenden würden. Streichen Sie Passagen und Formulierungen an, die Sie für unpassend halten, und solche, die Sie für sehr passend halten. Begründen Sie Ihre Entscheidung und versuchen Sie gegebenenfalls einen Alternativvorschlag!

Text	Ihre Kommentare
A. *Aus einer Arbeit über die Chancen und Risiken sozialer Netzwerke:* Ich möchte jetzt einmal meine Meinung zu Facebook sagen: Ich finde, die Leute denken überhaupt nicht nach, bevor sie Fotos und private Informationen, oft auch von anderen, hochladen. Die kapieren nicht, dass sie sich selbst und anderen damit echt schaden können. Schließlich kann da jeder Dinge erfahren, die keinen was angehen.	
B. *Aus einer Arbeit zur Frage, wie Jugendliche zum Wählen mit 16 Jahren stehen:* Bereits im Vorfeld der Senkung des Wahlalters auf 16, die in Österreich 2007 beschlossen wurde, kamen zahlreiche Befürworter/innen und Kritiker/-innen dieser Maßnahme zu Wort. Im Folgenden werden die Pro- und Kontra-Argumente im Überblick dargestellt.	
C. *Aus der Einleitung zu einer Arbeit zur Frage, warum Jugendliche im örtlichen Sportverein aktiv sind:* In Oberhausen gibt es einen aktiven Sportverein, in dem der Anteil jugendlicher Mitglieder sehr hoch ist. Anstatt in Lokalen „herumzuhängen“ oder ganze Wochenenden vor dem Computer zu verbringen, finden sich hier die Jugendlichen zusammen, um Veranstaltungen zu planen, das Vereinshaus zu gestalten, selbst sportlich aktiv zu sein. Damit unterscheidet sich Oberhausen von vielen anderen Gemeinden in der Region. Welche Gründe es für die örtliche Sportbegeisterung bei Jugendlichen gibt, soll die vorliegende Arbeit zeigen.	
D. *Aus einer Arbeit, die sich mit der Frage beschäftigt, wie sich der Lebensraum Zoo auf Löwen auswirkt (anhand eines konkreten Beispiels):* Zoos werden gerade auch von Tierschützerinnen und Tierschützern kontrovers diskutiert: Während die einen die Bemühungen von Zoos im Sinne der Arterhaltung hervorheben, kritisieren andere die Haltung von Tieren, insbesondere von Raubtieren, die ihrer Meinung nach in Zoos niemals artgerecht sein kann.	

E. *Aus einer Arbeit, die danach fragt, wie die Bevölkerung auf Kunst im öffentlichen Raum – anhand eines konkreten Beispiels – reagiert:*
Also es ist ein Wahnsinn, was sich die Politiker erlauben. Sie zahlen sogenannten Künstlern einen Haufen Geld, damit dann so eine Skulptur im Weg herumsteht. Wenn ich mich in meinem Bekanntenkreis umhöre, sind viele dieser Meinung.

Lösungshinweise:

Zu A: Die Ankündigung der eigenen Meinung mit dem „Ich" stört die Objektivität. Umgangssprachliche Formulierungen, Generalisierungen und massive Wertungen wirken unsachlich und damit unseriös.

Zu B: Die Sätze sind sachlich formuliert, es werden Fachbegriffe wie „Senkung des Wahlalters" verwendet, inhaltlich korrekte Informationen werden in seriöser Weise wiedergegeben. Die Leser/innensteuerung gelingt durch den Hinweis darauf, was die Leser/innen auf den nächsten Seiten zu erwarten haben.

Zu C: Gerade für eine Einleitung eignet sich dieser Einblick in die Ausgangslage sehr gut. Er stellt die Motivation für die Arbeit dar: Sie soll klären, warum in Oberhausen manches anders läuft als in anderen Gemeinden. Die Sprache ist seriös, der einzige umgangssprachliche Begriff „herumhängen" ist durch Anführungsstriche gekennzeichnet. Damit wird klar, dass die Autorin/der Autor diesen Begriff bewusst verwendet, weil er inhaltlich passend ist, die Anführungsstriche vermitteln aber die angemessene Distanz.

Zu D: In wenigen Sätzen wird eine Grundfrage angerissen und es werden zwei unterschiedliche Positionen auf den Punkt gebracht. Damit entsteht eine interessierte Spannung, wie denn nun das Leben der Löwen im Zoo von der Autorin/dem Autor beschrieben und bewertet wird.

Zu E: Die hier getätigten Aussagen lassen jegliche Seriosität vermissen: Übertreibungen, Generalisierungen, Wertungen und Berufung auf Alltagswissen von Bekannten – all das hat in einer (vor-)wissenschaftlichen Arbeit nichts zu suchen.

6.4.2. Gendergerechte Schreibweise

Gendergerechtes Formulieren ist in den letzten Jahren immer mehr zu einer Selbstverständlichkeit geworden. Damit bringen Sie die bewusste Ausrichtung auf beide Geschlechter zum Ausdruck. Wenngleich es manche als mühsam und aufwändig kritisieren, handelt es sich dabei mittlerweile um den Ausdruck einer genderbewussten, demokratischen Gesinnung. So ist in der Broschüre des Bundesministeriums für Bildung und Frauen zum gendergerechten Formulieren Folgendes zu lesen:

> „Die Verwendung eines geschlechtergerechten Sprachgebrauches, die sprachliche Gleichbehandlung von Frauen und Männern ist eine wichtige Grundlage zur Umsetzung des Gender Mainstreaming in allen Bereichen." (Internetquelle [5]; [04.04.2016])

Somit sind also auch Sie angehalten, beim Verfassen der VWA eine gendergerechte Schreibweise zu verwenden. Vollständige Paarformen (Schülerinnen und Schüler) sind dabei ebenso möglich wie sogenannte Sparschreibungen, in denen weibliche und männliche Endungen durch einen Schrägstrich getrennt (Schüler/innen) oder durch ein sogenanntes Binnen-I (SchülerInnen) gekennzeichnet werden. Ebenso sind geschlechtsneutrale Formulierungen häufig das Mittel der Wahl (Lehrpersonen statt Lehrer/innen). Im Sinne einer möglichst guten Lesbarkeit gibt es für die Verwendung der unterschiedlichen Formen bestimmte Regeln. Informieren Sie sich daher über die richtige Anwendung gendergerechter Formulierungen.

Das Unterrichtsministerium fasst im Leitfaden „Geschlechtergerechtes Formulieren" grundlegende Informationen und Empfehlungen zusammen (Internetquelle [5]).

UNSER TIPP:

Das Unterrichtsministerium fasst in der Broschüre „Geschlechtergerechtes Formulieren" die akzeptierten Formen gendergerechter Schreibweisen zusammen. Sie können alle hier empfohlenen Formen in Ihrer VWA verwenden.
Beachten Sie die folgenden Prinzipien:

- Gendergerechtes Formulieren sollte in einer VWA selbstverständlich sein.
- Ziehen Sie *eine* Form von gendergerechter Schreibweise durch!
- Halten Sie die Regeln zur korrekten Verwendung von gendergerechten Schreibweisen ein.

6.4.3. Zitieren

Wer wissenschaftlich arbeitet, baut immer auf bereits vorliegenden Erkenntnissen zum Thema auf. Diese Forschungsergebnisse und Erkenntnisse findet man in der wissenschaftlichen Literatur zu einem Thema – je jünger die Publikation, also die Veröffentlichung, desto aktueller die Ausführungen.
Die Arbeit mit der aktuellen Literatur und die korrekte Darstellung von bereits vorliegenden Aussagen sind deshalb zentraler Bestandteil des wissenschaftlichen Arbeitens. Der ehrliche und gewissenhafte Umgang mit dieser Literatur ist dabei unerlässlich: Sie müssen fremdes Gedankengut als solches sichtbar machen – und genau darum geht es beim Zitieren. Zitieren ist nämlich nichts anderes als die belegte wörtliche oder sinngemäße Wiedergabe eines fremden Gedankens.

Überall dort, wo Sie Ihre eigenen Ausführungen auf fremden Gedankengängen aufbauen oder wo Sie Erkenntnisse anderer wiedergeben, müssen Sie die Herkunft dieser Gedanken vollständig und nachvollziehbar belegen, und zwar genau an derjenigen Stelle, die einer anderen Publikation folgt. Ein Beispiel: Sie schreiben eine Arbeit über einen zeitgenössischen Roman und beschäftigen sich darin mit der Frage, wie die Schriftstellerin die Entwicklung der Hauptfigur gestaltet. In einem literaturwissenschaftlichen Text haben Sie dazu spannende Ausführungen gefunden, die Ihnen sehr treffend erscheinen. Sie verwenden diese für Ihre Arbeit. Genau an der Stelle, an der Sie diese Analyse – ob wörtlich oder sinngemäß – wiedergeben, müssen Sie einen Quellenverweis anführen.

Wenn Sie das unterlassen, setzen Sie sich dem Plagiatsvorwurf aus (vgl. Kapitel 6.2.6.).

Gewissenhaftes Zitieren erfüllt innerhalb einer wissenschaftlichen Arbeit wichtige Aufgaben. Die wesentlichen finden Sie hier zusammengefasst:

Nachvollziehbarkeit und Überprüfbarkeit: Mit einem Zitat machen Sie nachvollziehbar, auf welche Fachpublikationen Sie sich in Ihren Aussagen stützen, Ihre Ausführungen sind überprüfbar.

Wissenschaftliche Untermauerung: Mit der Bezugnahme auf wissenschaftliche Literatur sichern Sie Ihre Ausführungen inhaltlich ab – sie erscheinen folglich nicht als Ihre persönliche Meinung, sondern als belegte Erkenntnisse aus der fundierten Auseinandersetzung mit der Thematik.

Intellektuelle Redlichkeit: Sie geben fremdes geistiges Eigentum nicht als Ihr eigenes aus, sondern führen es gewissenhaft auf die Urheberin/den Urheber zurück.

Unterscheiden Sie zwischen wörtlichem und sinngemäßem Zitieren. Unterschiedliche Institutionen wie Fachbereiche an Universitäten und Hochschulen, wissenschaftliche Verlage oder die Redaktionen von wissenschaftlichen Zeitschriften haben dafür meistens klar definierte Richtlinien. Daran müssen sich alle halten, die an dieser Institution oder für diesen Verlag schreiben. Die Richtlinien variieren in der Anordnung der einzelnen Angaben und in der Interpunktion geringfügig. Das jeweils vorgegebene Zitationsmuster ist aber in jedem Fall durchzuziehen, und zwar auf Punkt und Beistrich!

(1) **Wörtliches Zitieren** ist die exakte Wiedergabe von Satzteilen, Sätzen oder Textpassagen. Das Zitat muss also mit dem Original exakt übereinstimmen, die Quelle ist zu belegen. Für wörtliches Zitieren gelten die folgenden Regeln (vgl. May 2010: 57f.):

- Das Zitat steht zwischen doppelten Anführungszeichen: „Ein wörtliches Zitat wird in doppelte Anführungszeichen gefasst." (May 2010: 57)
- Enthält das Zitat bereits ein Zitat, steht dieses zwischen einfachen Anführungszeichen: „... ‚......' ...".
- Falls Sie einzelne Teile innerhalb des zitierten Satzes oder der zitierten Passage nicht wiedergeben wollen, zum Beispiel weil Sie das Zitat verkürzen wollen, müssen Sie die Auslassung durch eckige Klammern kennzeichnen: „... [...] ...". Achten Sie bei Auslassungen darauf, dass Sie den Sinn der ursprünglichen Aussage nicht verändern!
- Manchmal enthalten zitierte Passagen einen Fehler. In diesem Fall machen Sie durch den Einschub [sic!] unmittelbar nach dem Fehler klar, dass es sich hier um einen Fehler im Original handelt.
- Wenn Sie längere Textpassagen zitieren, kennzeichnen Sie diese grafisch – durch Einrückungen, kleinere Schrift oder Kursivsetzung.
- Binden Sie Zitate durch sogenannte Brückensätze (vgl. Duden 2006: 95) in den Kontext ein. Leiten Sie sie also ein und kommentieren Sie sie in der Folge.
- Verwenden Sie wörtliche Zitate sparsam, sorgfältig und sinnvoll.

(2) **Sinngemäßes Zitieren** ist die Wiedergabe von fremden Gedanken in eigenen Formulierungen, es handelt sich also um *Paraphrasierungen*. Auch hier müssen Sie wichtige Prinzipien befolgen:

- Wenn Sie paraphrasieren, dürfen Sie nur die Formulierung verändern, keinesfalls den Sinn des Ausgangstextes.
- Stellen Sie in der Quellenangabe ein „vgl." (vergleiche) vor den Beleg.
- Sie müssen bei sinngemäßen Zitaten die Quelle genauso verlässlich anführen wie bei wörtlichen Zitaten. Es genügt also nicht, wenn Sie das verwendete Werk im Literaturverzeichnis nennen. Aus dem Text muss ganz klar hervorgehen, welche Erkenntnisse in der VWA von Ihnen stammen und welche Inhalte Sie aus anderen Werken übernommen haben.

Die Quellenangabe kann in Fußnoten[3] (Fußnotenzitation, vgl. Beispiel auf dieser Seite) oder im Text erfolgen (Textzitation, vgl. Beispiele im Text) (vgl. Karmasin/Ribing 2006: 121). In beiden Fällen führen Sie in der Arbeit nur einen Kurzbeleg an, also Autor/in, Erscheinungsjahr und Seite. Diese Kurzbelege sind Hinweise auf den Vollbeleg im Literaturverzeichnis.

Folgende Möglichkeiten bieten sich unter anderen für die Gestaltung des Kurzbelegs an:
Nachname, Jahreszahl, Seitenangabe (Karmasin/Ribing, 2006, S. 121) und
Nachname Jahreszahl: Seitenangabe (Karmasin/Ribing 2006: 121).

Beachten Sie den kleinen Unterschied: Im ersten Fall wird die Jahreszahl zwischen Beistrichen gesetzt, im zweiten folgt die Jahreszahl direkt auf die Autoren, die Seitenzahl erscheint nach einem Doppelpunkt. Egal, für welche Version Sie sich entscheiden, Sie müssen das gewählte Muster durch die gesamte VWA durchziehen!

[3] Vgl. Karmasin/Ribing 2006: 121

Einige Sonderfälle sind bei der Quellenangabe im Text zu beachten:

- Wenn Sie einen Text wiedergeben, der sich im Original über zwei Seiten erstreckt, nennen Sie die erste Seite und ergänzen diese durch ein „f." für „folgende" (May 2010: 58f.). Erstreckt sich ein Zitat über mehr als zwei Seiten, wird ein „ff." hinzugefügt (May 2010: 58ff.). Bei Zitaten über mehrere Seiten müssen Sie den Seitenumfang ausweisen. Das kommt bei sinngemäßen Zitaten öfters vor (May 2010: 58–63).
- Wenn Sie mehrere Zitate hintereinander aus derselben Quelle übernehmen, kennzeichnen Sie diese durch ein ebd. (= ebenda) (ebd.: 58). Wenn sich auch die Seitenzahl deckt, können Sie diese im Folgebeleg weglassen (ebd.).
- Es ist auch möglich, die Urheberin/den Urheber eines Zitates in einem Einleitungssatz zu nennen. In diesem Fall können Sie den Namen im Kurzbeleg in der Klammer weglassen. Dazu ein Beispiel: May (2010: 58) definiert Regeln für das Vorgehen bei Quellenangaben in wissenschaftlichen Arbeiten.
- Bei zwei oder drei Autorinnen bzw. Autoren werden alle, mit Schrägstrich getrennt, angeführt (Karmasin/Ribing 2006: 129). Wenn Sie ein Werk mit mehr als drei Verfasserinnen/Verfassern zitieren, führen Sie nur den ersten Namen an und ergänzen diesen durch ein „u. a." (= und andere).
- Wenn Sie Abbildungen übernehmen, müssen Sie diese ebenso belegen wie Textzitate.
- Ein besonderer Fall sind *Sekundärzitate*. Das sind Textpassagen, die Sie in einem wissenschaftlichen Werk zitiert finden und wiedergeben möchten. Grundsätzlich ist von der Übernahme von solchen zitierten Zitaten (daher Sekundärzitat) in der eigenen Arbeit abzuraten. Sollte sich die Notwendigkeit dafür aber doch ergeben, müssen Sie das Original nennen und mit folgendem Zusatz versehen: zit. nach (zitiert nach); auch dazu ein Beispiel: (Spinner 1997: 22, zit. nach Staud 2008: 81).
  Im Literaturverzeichnis müssen Sie sowohl das Originalwerk als auch das Werk, aus dem Sie in Ihrer Arbeit zitieren, mit allen bibliografischen Hinweisen anführen.
- Nicht zitieren müssen Sie allgemein bekannte Tatsachen beziehungsweise Fakten, die als generelles oder fachliches Allgemeinwissen gelten und deshalb in derselben oder in einer ähnlichen Form in allen relevanten Lexika oder Fachbüchern zu finden sind. Angaben über die Dauer des Zweiten Weltkriegs, die geografische Lage eines Landes, eine bekannte mathematische Formel und Ähnliches brauchen also keinen Verweis auf eine Quelle, auch wenn Sie diese nachgeschlagen haben.

BEISPIEL

Wie Sie Zitate in einen Text einbauen können, zeigen Ihnen die folgenden Beispiele (im ersten Fall in Textzitation, im zweiten Fall in Fußnotenzitation):

Beispiel	Erklärungen
Politische Bildung ist in unserer Mediengesellschaft unerlässlich, bilden wir uns doch unser politisches Urteil mehrheitlich aus den Medien, denn „was wir über Politik wissen oder scheinbar wissen, d.h. unabhängig von ‚richtig' und ‚falsch' zu wissen glauben", resultiert aus unserem Medienkonsum. (Filzmeier 2006: 126) Studien belegen nämlich, dass sehr wenige Bürger/-innen im persönlichen Gespräch politische Meinung entwickeln: „Nur etwa einer von zehn Österreicherinnen und Österreichern bezeichnet persönliche Gespräche im privaten oder beruflichen Kreis als wichtige und/oder glaubwürdige Informationsquelle über Politik." (Ebd.) Den größten Einfluss in Bezug auf das Bild von der Politik hat das Fernsehen. Studien ergaben, dass drei Viertel der Bevölkerung politische Fernsehberichterstattung für die glaubwürdigste Informationsquelle über Politik halten. (Vgl. ebd.)	▪ *Textzitation* ▪ *Wortwörtliches Zitat ist in einen Brückensatz eingebaut* ▪ *Kurzbeleg mit Namen, Jahreszahl und Seitenangabe* ▪ *Einfaches Anführungszeichen für Begriffe, die bereits im Original unter Anführungsstrichen stehen* ▪ *Formale Hervorhebung eines mehrzeiligen Zitates* ▪ *Derselbe Kurzbeleg bei zweiter Nennung mit „ebd."* ▪ *„Vgl." im indirekten Zitat*

Beispiel	Erklärungen
Politische Bildung ist in unserer Mediengesellschaft unerlässlich, bilden wir uns doch unser politisches Urteil mehrheitlich aus den Medien, denn „was wir über Politik wissen oder scheinbar wissen, d.h. unabhängig von ‚richtig' und ‚falsch' zu wissen glauben", resultiert aus unserem Medienkonsum.[4] Studien belegen nämlich, dass sehr wenige Bürger/innen im persönlichen Gespräch politische Meinung entwickeln: „Nur etwa einer von zehn Österreicherinnen und Österreichern bezeichnet persönliche Gespräche im privaten oder beruflichen Kreis als wichtige und/oder glaubwürdige Informationsquelle über Politik."[5] Den größten Einfluss in Bezug auf das Bild von der Politik hat das Fernsehen. Studien ergaben, dass drei Viertel der Bevölkerung politische Fernsehberichterstattung für die glaubwürdigste Informationsquelle über Politik halten.[6]	▪ *Dasselbe Beispiel in Fußnotenzitation*

UNSER TIPP:

Vereinbaren Sie mit Ihrer Betreuungsperson eine Zitierweise. Das kann die in diesem Band verwendete oder eine andere sein. Eventuell gibt es an Ihrer Schule einheitliche Zitierregeln oder Ihre Betreuungsperson zieht ein bestimmtes Zitationsmuster vor. Ziehen Sie die vereinbarten Richtlinien in jedem Fall konsequent durch und achten Sie dabei auf Punkt und Komma!

ÜBUNG

Zitieren und Belege anführen

Im Folgenden finden Sie beliebig ausgewählte Werke, dazu passende mögliche Fragestellungen einer VWA und aus den verschiedenen Werken entnommene Zitate. Bauen Sie die Zitate entsprechend den Vorgaben ein und führen Sie Belege als Textzitate an.

Beispiel 1
Sie gehen in Ihrer VWA der Frage nach, warum junge Menschen so gerne „Der Herr der Ringe" von J.R.R. Tolkien lesen. Sie möchten unter anderem den folgenden Aufsatz von Günther Bärnthaler verwenden:

> Bärnthaler, Günther (2006): Tolkiens Herr der Ringe. Von der Lust des Lesens und ihrer notwendigen Korrektur. In: ide. Informationen zur Deutschdidaktik, 30. Jg., 1/2006, S. 80–84.

Den folgenden Satz von Seite 82 möchten Sie in Ihrer Arbeit zitieren:
„Insgesamt erfüllt Herr der Ringe so einen Großteil der Kriterien des fiktiven Idealbuchs. Angesprochen werden Mädchen wie Burschen, ältere Kinder wie Jugendliche."

Aufgabe 1a: Bauen Sie den oben angeführten Satz als wörtliches Zitat in den Brückensatz ein und führen Sie einen Kurzbeleg in Textzitation an!

Warum „Der Herr der Ringe" so viele junge Leserinnen und Leser fasziniert, erklärt Günther Bärnthaler folgendermaßen:

____

____

____

[4] Filzmaier 2006: 126
[5] Ebd.
[6] Vgl. ebd.

Aufgabe 1b: Geben Sie nun den Satz als indirektes Zitat wieder!

Beispiel 2
Sie wollen in Ihrer VWA die Frage klären, wie sich rechtsradikales Gedankengut in den Texten einer bestimmten Rockband ausdrückt, und finden dazu den folgenden Aufsatz:

> Ritter, Nadja: Inhalte von rechtsextremistischem Liedgut. In: Schuppener, Georg (Hg.) (2008): Sprache des Rechtsextremismus. Spezifika der Sprache rechtsextremistischer Publikationen und rechter Musik. Leipzig, Edition Hamouda, S. 127–133.

Folgendes Zitat möchten Sie verwenden:
„Das gerade bei Rockmusik oft gehörte Argument, dass die Textinhalte hinter der Musik verschwinden und eigentlich überhaupt nicht bewusst wahrgenommen werden, trifft auf den rechtsextremen Rock sicher nicht zu. Seine Liedtexte repetieren Parolen, die jeder seiner Zuhörer meist bereits kennt und die jedem unmittelbar eingehen.“

Aufgabe 2a: Verwenden Sie nur den zweiten Satz als wörtliches Zitat. Leiten Sie das wörtliche Zitat mit einem Brückensatz ein, Sie können sich dabei inhaltlich am ersten Satz des Zitates orientieren!

Aufgabe 2b: Geben Sie beide Sätze als indirektes Zitat wieder!

Beispiel 3
Die Fragestellung in Ihrer VWA lautet: Wie kann ein örtlicher Kulturverein auch Menschen mit Migrationshintergrund ansprechen und einbeziehen. Dazu entdecken Sie den folgenden Aufsatz:

> Frischmuth, Barbara: Der andere Blick auf uns selbst. Plädoyer für einen multikulturellen Diskurs. In: Mozart 2006 Salzburg (Hg.) (2006): Sustainable Mozart. Kunst, Kultur und Nachhaltigkeit. Salzburg, JBZ-Verlag, S. 81–89.

Interessant erscheint Ihnen eine relativ lange Passage, die sich von Seite 87 bis 89 erstreckt:
„Es ist immer lehrreich“, sagt Margriet de Moor noch, die lange in einem Armeleuteviertel von Amsterdam gelebt hat, mit Moschee und den verschiedensten niederländischen Bevölkerungen, „sich

mit den Augen seines Gegners anzuschauen." Sie selbst kommt dabei zu dem Schluss, dass der islamistische Blick sich oft gar nicht von unserer kritischen Sichtweise auf die Dinge unterscheidet. Dabei stößt sie auf den Vorwurf der Muslime, „dass wir ohne Gott leben, ohne goodwill für etwas, das größer ist als wir selbst".
Die Frage dabei ist ganz und gar nicht, ob dieser Vorwurf gerechtfertigt ist, die Frage ist, ob er nicht auch in religiösen Kreisen unserer Gesellschaft erhoben wird.
Es ist auch, um den Diskurs (mit Kultur) zu führen, nicht unbedingt nötig, sich mit den Augen des Gegners anzuschauen. Es genügt, es mit den Augen der anderen, ob Gegner oder Freunde, zu tun. Oder es zumindest zu versuchen. Man wird dabei Erstaunliches entdecken.
Ich war bei einer solchen Gelegenheit tatsächlich Teilnehmerin eines Events, zumindest habe ich es als echtes Erlebnis empfunden. Es ist einige Jahr her. Der Autor Dzevad Karahasan, der aus Bosnien stammt und österreichischer Staatsbürger ist, und ich waren gemeinsam zu einer Wochenendveranstaltung im Burgenland eingeladen. Wir lasen aus unseren Büchern und sollten anschließend miteinander diskutieren beziehungsweise die Fragen des Publikums beantworten. Wohl eher aus einer Laune heraus einigten wir uns darauf, dass wir mit vertauschten Rollen agieren würden, Dzevad als Christ, ich als Muslima, das heißt, Dzevad als christlich sozialisierter Mann, ich als Kultur-Muslima, wie die Bezeichnungen dessen lauten, was wir leben. Nicht als Gläubige oder gar als Orthodoxe.
Es war die fruchtbarste und spannendste Diskussion, die ich je erlebt habe. Die Fragen des Publikums schnitten ins Fleisch der Kulturen und wir beide versuchten jeweils aus dem Blickwinkel des anderen zu argumentieren. Ich habe dabei sehr viel über meine eigene Herkunft, meine Prägung, mein kulturelles Unbewusstes erfahren und ich glaube, dass es Dzevad ebenso ergangen ist.

Aufgabe 3: Sie finden im Hinblick auf Ihre Fragestellung vor allem die Idee sehr interessant, in Kulturveranstaltungen einen Perspektivenwechsel vorzunehmen. Es geht nun darum, aus der langen Passage zentrale Abschnitte auszuwählen, das Zitat zu kürzen, Brückensätze zu formulieren, wörtliches und indirektes Zitieren zu verbinden. Versuchen Sie es!

Lösungsvorschläge:

Aufgabe 1a: wörtliches Zitat
Warum „Der Herr der Ringe“ so viele junge Leserinnen und Leser fasziniert, erklärt Bärnthaler folgendermaßen: „Insgesamt erfüllt Herr der Ringe so einen Großteil der Kriterien des fiktiven Idealbuchs. Angesprochen werden Mädchen wie Burschen, ältere Kinder wie Jugendliche.“ (Bärnthaler 2006: 86)

Lösungshinweise: In einem Einleitungssatz wird die Frage formuliert, auf die das folgende Zitat eine Antwort gibt. Der Urheber des Zitates wird ebenfalls einleitend genannt. Das wörtliche Zitat wird unter Anführungszeichen gesetzt. In der Klammer, die dem wörtlichen Zitat folgt, wird das Kurzzitat genannt. Der vollständige bibliografische Hinweis findet sich im Literaturverzeichnis.

Aufgabe 1b: sinngemäßes Zitat
Warum „Der Herr der Ringe“ so viele junge Leserinnen und Leser fasziniert, erklärt Bärnthaler damit, dass der Fantasy-Roman im Wesentlichen die Kriterien eines fiktiven Idealbuchs erfülle. Dies hänge auch damit zusammen, dass Mädchen und Burschen einer größeren Altersspanne angesprochen würden. (Vgl. Bärnthaler 2006: 86)

Lösungshinweise: Die Frage wird, mit der Erklärung des Autors in einen Satz verpackt, sinngemäß wiedergegeben. Die Anführungszeichen entfallen. Die Quelle wird mit einem „vgl.“ für „vergleiche“ eingeleitet. Damit ist klar, dass es sich nicht um eine wortwörtliche, sondern um eine sinngemäße Wiedergabe handelt.

Aufgabe 2a: wörtliches Zitat
Texte, so hört man oft, spielen in der Rockmusik eine wesentlich geringere Rolle als die Musik. Nadja Ritter weist diese Aussage in Bezug auf rechtsextremen Rock entschieden zurück, wenn sie feststellt: „Seine (die des rechtsextremen Rock, Anm.) Liedtexte repetieren Parolen, die jeder seiner Zuhörer meist bereits kennt und die jedem unmittelbar eingehen.“ (Ritter 2008: 127)

Lösungshinweise: Der zweite Satz aus dem oben angeführten Zitat wird entlang der Argumentationslinie von Nadja Ritter inhaltlich vorbereitet. Da das Possessivpronomen „seine“ am Beginn des wörtlich zitierten Satzes ohne den vorhergehenden Satz nicht selbstverständlich zuzuordnen ist, wurde hier eine Anmerkung der Verfasserin (= Anm.) eingebaut und in Klammer gesetzt. Anhand des bibliografischen Kurzhinweises nach dem Zitat kann das Werk im Literaturverzeichnis sofort gefunden werden.

Aufgabe 2b: sinngemäßes Zitat
Laut Nadja Ritter (2008: 127) trifft die Aussage, dass bei Rockmusik der Text hinter die Musik zurücktritt, im Falle rechtsextremer Rockmusik nicht zu. Die Liedtexte repetieren ihren Ausführungen zufolge Parolen, die den Zuhörerinnen und Zuhörern meist bekannt sind und die deshalb für sie unmittelbar eingängig sind.

Lösungshinweise: Dass es sich hier um die Wiedergabe einer Aussage von Nadja Ritter handelt, wird durch die Formulierungen „laut“ und „ihren Ausführungen zufolge“ klar.

Oder:

Im Falle rechtsextremer Rockmusik spielt der Text eine wichtige Rolle, weil die Liedtexte Parolen repetieren, die die Zuhörer/innen meistens kennen und die sie daher sofort aufnehmen (vgl. Ritter 2008: 127).

Lösungshinweise: Die Aussage von Nadja Ritter wird hier mit eigenen Worten als Tatsache wiedergegeben. Dass es sich um ein übernommenes Argument handelt, wird durch den Hinweis auf die Quelle und das vorangestellte „vgl.“ klar.

Aufgabe 3: Zitat kürzen; wörtliches und sinngemäßes Zitieren verbinden; Zitat, das sich über mehr als eine Seite erstreckt, anführen; mit Brückensätzen zum wörtlichen Zitat hinführen; hintereinander aus demselben Text zitieren; mit einem Brückensatz zur Fragestellung überleiten

Kulturveranstaltungen, die auch Menschen mit einem anderen kulturellen Hintergrund ansprechen und einbeziehen sollen, müssen andere Kulturen zum Gegenstand machen. Barbara Frischmuth schlägt dazu das Mittel des Perspektivenwechsels vor. Sie bezieht sich dabei auf eine Idee der Niederländerin Margriet de Moor: „Es ist immer lehrreich [...] sich mit den Augen seines Gegners anzuschauen." (Moor 2007: 87f.) Laut Frischmuth müssen es nicht die Augen eines Gegners, sondern lediglich die Augen „der anderen" (ebd.: 88) sein, und sie erzählt von einem derartigen Experiment mit dem Autor Dzevad Karahasan. Nach einer gemeinsamen Lesung beantworteten die beiden mit vertauschten Rollen, also jeweils der eine aus der Sicht des anderen, die Fragen des Publikums.

> „Es war die fruchtbarste und spannendste Diskussion, die ich je erlebt habe. Die Fragen des Publikums schnitten ins Fleisch der Kulturen und wir beide versuchten jeweils aus dem Blickwinkel des anderen zu argumentieren. Ich habe dabei sehr viel über meine eigene Herkunft, meine Prägung, mein kulturelles Unbewusstes erfahren und ich glaube, dass es Dzevad ebenso ergangen ist." (Ebd.: 88f.)

Die Erfahrung, die die Autorin Frischmuth hier beschreibt, ist ein Beispiel für einen gleichberechtigten und ernsthaften Austausch verschiedener Kulturen. Es geht um Begegnung und Empathie. Diese Prinzipien lassen sich in unterschiedlichen Veranstaltungskonzepten umsetzen.

Lösungshinweise: In einem einleitenden Brückensatz wird die Verbindung zwischen dem Inhalt der VWA und der Aussage des Zitates hergestellt. Einzelne zentrale Aspekte werden wörtlich wiedergegeben und mit dem entsprechenden Kurzzitat belegt; wenn sich eine wörtlich zitierte Textpassage über mehr als eine Seite erstreckt, wird der Seitenzahl ein „f." für „folgende" hinzugefügt. Da direkt aufeinanderfolgend mehrere Zitate aus demselben Text verwendet werden, wird die Abkürzung „ebd." für „ebenda" verwendet. Das einzige mehrzeilige wörtliche Zitat wird grafisch hervorgehoben, hier geschieht das durch Einrückung und kleineren Druck. In einem Brückensatz erfolgt nach diesem wörtlichen Zitat die Überleitung zur Fragestellung der VWA.

6.4.4. Die Arbeit mit Abbildungen

Abbildungen veranschaulichen Sachverhalte. Daher finden sie oft und gerne Verwendung. Wenn Sie zum Beispiel einen Text über ein Land lesen, können Sie sich anhand einer Karte orientieren, wenn Sie die Ergebnisse einer Studie lesen, erleichtern Ihnen Grafiken die Zusammenschau wichtiger Inhalte. Bei Wahlberichterstattungen begleiten Balkendiagramme die Ausführungen der Redakteurinnen und Redakteure. Auch in wissenschaftlichen Arbeiten finden Abbildungen daher häufig Verwendung. Es kann sich dabei um Grafiken, Tabellen, Karten, Fotos oder andere Illustrationen handeln.

Visualisierungselemente verschaffen Überblick, fassen zusammen, verbinden und stellen Zusammenhänge dar. Damit dienen sie dem besseren Verständnis und unterstützen die Merkfähigkeit (vgl. Wytrzens u. a. 2009: 136).

Bildliche Darstellungen in wissenschaftlichen Arbeiten haben prinzipiell zwei verschiedene Funktionen: Sie können einerseits Dokumentationszwecken dienen, das ist beispielsweise bei Grafiken der Fall, andererseits können Bilder aber auch selbst Quellen sein, die ausgewertet werden, man denke nur an historische Fotos.

Da, wo Abbildungen Dokumentationszwecken dienen, sind sie häufig sogar die einzig adäquate Darstellungsform für einen Sachverhalt, so zum Beispiel im Falle von Noten im musikalischen Bereich, geometrischen Konstruktionen, Landkarten oder chemischen Gleichungen.

Egal, ob Sie Abbildungen nun als Quelle, als Veranschaulichung eines Sachverhaltes oder als einzig adäquates Ausdrucksmittel für Ihren Erkenntnisprozess oder das Forschungsergebnis verwenden – in jedem Fall müssen Sie Abbildungen in Ihrem Text durchnummerieren und ihnen einen Titel geben. Beispiele dazu finden sich im vorliegenden Band an mehreren Stellen, u. a. auf S. 6.
Wenn Sie Abbildungen aus anderen Werken übernehmen, müssen Sie dafür in derselben Weise wie für andere Zitate die Quelle angeben.

Im Abbildungsverzeichnis listen Sie sämtliche Abbildungen in der Reihenfolge auf, in der sie im Text erscheinen, und zwar mit Titel, Quellen- und Seitenangabe (vgl. auch das Abbildungsverzeichnis auf S. 144):

Abbildung 1: Das Drei-Säulen-Modell der (teil-)standardisierten kompetenzorientierten Reifeprüfung	6
Abbildung 2: Ablauf der mündlichen Reifeprüfung anhand eines Beispiels im Fach „Darstellende Geometrie“ (vgl. bm:ukk 10/2012: 8)	8
Abbildung 3: …	

6.4.5. Die Erstellung des Literaturverzeichnisses

Das Literaturverzeichnis ist ein zentraler Bestandteil jeder (vor-)wissenschaftlichen Arbeit. Es muss in kompakter und übersichtlicher Weise sämtliche in der VWA verwendeten und zitierten Literaturquellen enthalten. Das ist aus mehreren Gründen wichtig:

Das Literaturverzeichnis bietet den Leserinnen und Lesern Ihrer Arbeit die Möglichkeit, die Aktualität und die Qualität der verwendeten Literatur nachzuvollziehen und zu bewerten. Außerdem können interessierte Leser/innen anhand des Literaturverzeichnisses weiterführende Literatur finden, um sich in Detailthemen zu vertiefen.

Im Literaturverzeichnis führen Sie die verwendeten Werke systematisch, vollständig und in alphabetischer Reihenfolge an – nach dem Nachnamen der Verfasserin beziehungsweise des Verfassers. Bei einem Autor/innenteam erfolgt die Reihung nach dem ersten genannten Nachnamen.

Da es unterschiedliche Publikationsformen von wissenschaftlichen Texten gibt, müssen Sie verschiedene Regeln bei der Nennung der konkreten Texte beachten:

Monografien
Monografien sind wissenschaftliche Werke von einem oder mehreren Autorinnen und Autoren, die ein ganzes Buch zu einem Thema geschrieben haben. Eine gängige Zitierweise für Monografien ist die folgende:

> Nachname, Vorname (Jahr^{Auflage}): Titel. Untertitel. Ort, Verlag (die Angabe des Verlags ist in deutschen Veröffentlichungen nicht zwingend, kann aber nach dem Ort erfolgen).
> Ein Beispiel:
> Kremer, Bruno P. (2010^{3}): Vom Referat zur Examensarbeit. Naturwissenschaftliche Texte perfekt verfassen und gestalten. Berlin/Heidelberg, Springer-Verlag.

Bei doppelter Autorschaft führen Sie beide Namen an, am besten durch Schrägstrich getrennt:

> Karmasin, Matthias/Ribing, Rainer (2006): Die Gestaltung wissenschaftlicher Arbeiten. Ein Leitfaden für Haus- und Seminararbeiten, Magisterarbeiten, Diplomarbeiten und Dissertationen. Wien, facultas.wuv.

Wenn für ein Werk mehr als zwei Verfasser/innen angeführt sind, so führen Sie nach dem dritten Namen den Zusatz „u. a.“ (= und andere) an:

> Wytrzens, Hans Karl/Schauppenlehner-Lehner, Elisabeth/Sieghardt, Monika u. a. (2009): Wissenschaftliches Arbeiten. Eine Einführung. Wien, facultas.wuv.

Manchmal gibt es mehr als einen Verlagsort. In diesem Fall nennen Sie die verschiedenen Orte und trennen Sie mittels Schrägstrichen, z. B.: Wien/Berlin.
Die Zahl der Auflage wird, sofern es sich nicht um die erste Auflage handelt, hochgestellt in Verbindung mit der Jahreszahl angeführt, z. B.: (2010^3).

Sammelbände
Sammelbände kommen bei wissenschaftlichen Büchern sehr oft vor. Sie haben immer eine/n oder mehrere Herausgeber/innen, die Aufsätze verschiedener Autorinnen und Autoren zu einem Thema sammeln und in einem Band zusammenfassen. Die Verfasser/innen der einzelnen wissenschaftlichen Aufsätze sind namentlich ausgewiesen.

Wenn Sie Aufsätze aus Sammelbänden verwenden, müssen Sie sowohl den konkret verwendeten Aufsatz als auch den Sammelband im Literaturverzeichnis anführen. Die Angaben folgen dem folgenden Muster:

> Nachname, Vorname: Titel des Aufsatzes. In: Nachname, Vorname der Herausgeberin/des Herausgebers (Hg.) ($Jahr^{Auflage}$): Titel des Sammelbandes. Ort, Verlag, erste und letzte Seite des Artikels.
> Ein Beispiel:
> Filzmaier, Peter: Politische Bildung in der Mediengesellschaft. In: Diendorfer, Gertraud/Steininger, Sigrid (Hg.) (2006): Demokratiebildung in Europa. Herausforderungen für Österreich. Bestandsaufnahme, Praxis, Perspektiven. Schwalbach/Ts, Wochenschauverlag, S. 126–133.

An der alphabetisch entsprechenden Stelle führen Sie nun auch den Sammelband an:

> Diendorfer, Gertraud/Steininger, Sigrid (Hg.) (2006): Demokratiebildung in Europa. Herausforderungen für Österreich. Bestandsaufnahme, Praxis, Perspektiven. Schwalbach/Ts, Wochenschauverlag.

Aufsätze und Artikel in Zeitschriften und Fachjournalen
Wenn Sie Aufsätze oder Artikel aus Zeitschriften und Fachjournalen verwenden, müssen Sie den konkret verwendeten Artikel vollständig anführen. Die Zeitschrift müssen Sie nicht extra im Literaturverzeichnis ausweisen.

Die Angaben eines Zeitschriftenartikels folgen dem folgenden Schema:

> Nachname, Vorname (Jahr): Titel. Untertitel. In: Titel der Zeitschrift, Jahrgang (falls angegeben), Nummer des Heftes, erste und letzte Seite des Aufsatzes.
> Ein Beispiel:
> Fassmann, Heinz/Vorauer, Karin (2003): „One Europe“. Die politische und geographische Dimension der Erweiterung. In: Informationen zur Politischen Bildung, 19/2003, S. 5–20.

Artikel ohne Verfasser/innen, ohne Erscheinungsjahr oder ohne Erscheinungsort
Vor allem in Zeitungsartikeln, aber auch in manchen anderen Texten wird die Autorin/der Autor nicht genannt. Wenn Sie derartige Texte verwenden, müssen Sie bereits im Fließtext den Vollbeleg angeben, und zwar mit dem Hinweis „o. V.“ (= ohne Verfasser/in). Gehen Sie dabei nach dem folgenden Muster vor:

o. V.: Titel. Untertitel. Quelle, Datum, Seitenangabe bzw. bei Internetquellen URL: Link [Tag.Monat.Jahr].
So wie in diesem Beispiel führen Sie den Vollbeleg in einer Fußnote in Ihrer Arbeit an.[7]

Manchmal gibt es Texte, für die kein Erscheinungsjahr angeführt ist. In diesem Fall fügen Sie den Hinweis „s. a.“ (= lateinisch: sine anno) oder „o. J. (= ohne Jahr) hinzu. Falls der Erscheinungsort fehlt, ergänzen Sie den Beleg mit dem Hinweis „s. l.“ (= lateinisch: sine loco) oder o. O (= ohne Ort). (Vgl. Wytrzens u. a. 2009: 116)

[7] o. V.: Felicitas Hoppe erhält Georg-Büchner-Preis. Zeit online Literatur, URL: http://www.zeit.de/kultur/literatur/2012-05/georg-buechner-preis-felicitas-hoppe [15.05.2016].
o. V.: RAF-Terroristin bricht ihr Schweigen. Der Standard, 14. Mai 2012, S. 5.

Quellen aus dem Internet

Quellen aus dem Internet unterliegen demselben Qualitätsanspruch wie andere Quellen. Sie müssen also eine vertrauenswürdige Urheberin/einen vertrauenswürdigen Urheber namhaft machen können – das kann eine qualifizierte Autorin/ein qualifizierter Autor oder eine Organisation sein, die auf dem entsprechenden Gebiet anerkannt ist. Grundsätzlich müssen Sie bei der Quellenangabe gleich vorgehen wie bei Printtexten, Sie führen also folgende Angaben an:
Nachname, Vorname (Jahr): Titel. Untertitel. URL: Link [Tag des Zugriffs].
Hier ein Beispiel:
Uhl, Heidemarie (2011): Vorwort. In: Arbeitskreis gegen den Kärntner Konsens (Hg.): Friede, Freude, deutscher Eintopf. Rechte Mythen, NS-Verharmlosung und antifaschistischer Protest. URL: http://www.u-berg.at/cms/wp-content/uploads/Vorwort_Uhl_Heidemarie.pdf [21.05.2012].

Manchmal verwendet man für eine Arbeit Blog-, Forumeinträge und ähnliche Onlinequellen als Primärquellen, die man im Zuge der Arbeit auswertet, ähnlich wie beispielsweise Fotos, Zeitungsartikel oder Urkunden. In so einem Fall dienen diese Einträge als Materialien für eigenes Forschen. Da es sich zumeist um „flüchtige Quellen" handelt, sie also jederzeit aus dem Netz verschwinden können, müssen Sie diese im Anhang der ausgedruckten Arbeit als Screenshot beilegen oder auf einer CD/DVD dokumentieren. Vollständige Angaben der entsprechenden Links finden sich in der Arbeit in Fußnoten und werden im Literaturverzeichnis nicht mehr angeführt. (Vgl. Karmasin/Ribing 2010: 140) Internetseiten von Institutionen oder Firmen, auf die Sie in Ihrer Arbeit Bezug nehmen, müssen Sie im Quellenverzeichnis ebenso anführen. Sie können diese Websites beispielsweise nach der Reihenfolge ihres Vorkommens in der VWA nummerieren. Im Fließtext reicht dann die Angabe der entsprechenden Ziffer mit dem Datum, zu dem Sie die Website benutzt haben, im Quellenverzeichnis ordnen Sie jeder Ziffer eine Website zu.

UNSER TIPP:

Alle bibliografischen Hinweise, die Sie für die Erstellung des Literaturverzeichnisses brauchen, finden Sie im Impressum. Das Impressum ist meistens ganz vorne zu finden, manchmal aber auch am Ende eines Buches oder auf der letzten Seite einer Zeitschrift. Auch seriöse Websites haben ein Impressum, dem Sie entnehmen können, wer für den Inhalt verantwortlich zeichnet. Notieren Sie sich für alle Texte, die Sie durcharbeiten, sofort diejenigen bibliografischen Hinweise, die Sie später bei der Erstellung des Literaturverzeichnisses brauchen werden!

ÜBUNG

Erstellung eines Literaturverzeichnisses

Aufgabe 1: Gestalten Sie aus den unten angeführten Angaben korrekte Quellenverweise für das Literaturverzeichnis. Beachten Sie in jedem Fall, ob es sich um eine Monografie, einen Aufsatz in einem Sammelband oder in einer Zeitschrift handelt! Gehen Sie dementsprechend vor!

Titel: Sprache des Rechtsextremismus
Autor: Georg Schuppener (Hg.)
Verlag: Edition Hamouda
Erscheinungsjahr: 2008
Auflage: 1.
Erscheinungsort: Leipzig

Titel: Goldene Äpfel. Spiegelbilder des Lebens.
Autor: Kambiz Poostschi (Hg.)
Verlag: Via Nova
Erscheinungsjahr: 2010
Auflage: 4.
Erscheinungsort: Petersberg

Titel: Lesen – Schlüssel zu einem selbstbestimmten Leben. Erwachsene erobern im AlphaBetisierungsCentrum *abc – Lesen und Schreiben für Erwachsene* die Welt der Buchstaben.
Autorin: Brigitte Bauer
Erschienen in: ide. Informationen zur Deutschdidaktik. Zeitschrift für den Deutschunterricht in Wissenschaft und Schule. Heft 1-2006.
Seitenangabe des konkreten Aufsatzes: S. 112–116
Erscheinungsjahr: 2006
Verlag: Studienverlag
Erscheinungsort: Innsbruck/Wien/Bozen

Titel: Lehrbuch der Konstruktiven Geometrie
Autor: Heinrich Brauner
Verlag: Springer
Erscheinungsjahr: 1985
Erscheinungsort: Wien/New York

Titel: Raumgeometrie
Autoren: Gerhard Pillwein, Andreas Asperl, Robert Müllner, Michael Wischounig
Verlag: öbv hpt
Erscheinungsjahr: 2006
Erscheinungsort: Wien

Titel: IBDG – Informationsblätter der Geometrie
Herausgeber: Fachverband der Geometrie
Heft: 2/2011
Jahrgang: 30
Verlagsort: Innsbruck
Druck: Privatdruck
Titel des Beitrags: Geometrie auf der Erdkugel – ein Plädoyer für den Globus
Autoren: Georg Glaeser und Franz Gruber
Seitenangabe: 30–37

Titel: Exkursionsflora von Österreich
Autoren: Wolfgang Adler, Karl Oswald, Raimund Fischer
Verlag: Ulmer
Erscheinungsjahr: 1994
Erscheinungsort: Stuttgart – Wien

Titel: Allgemeine Botanik – Kurzes Lehrbuch für Mediziner und Naturwissenschaftler
Autor: Wilhelm Nultsch
Verlag: Georg Thieme
Erscheinungsjahr: 2012
Auflage: 9. Auflage
Erscheinungsort: Stuttgart – New York

Titel: Biologie – Der neue Campbell
Autor: Neil A. Campbell, Jane B. Reece
Verlag: Pearson Studium
Erscheinungsjahr: 2009
Auflage: 8. Auflage
Erscheinungsort: München

Lösungshinweise:

Adler, Wolfgang/Oswald, Karl/Fischer, Raimund (1994): Exkursionsflora von Österreich. Stuttgart/Wien, Ulmer Verlag.

Bauer, Brigitte (2006): Lesen – Schlüssel zu einem selbstbestimmten Leben. Erwachsene erobern im AlphaBetisierungsCentrum *abc – Lesen und Schreiben für Erwachsene* die Welt der Buchstaben. In: ide. Informationen zur Deutschdidaktik. Zeitschrift für den Deutschunterricht in Wissenschaft und Schule, 1/2006, S. 112–116.

Brauner, Heinrich (1985): Lehrbuch der Konstruktiven Geometrie. Wien/New York, Springer Verlag.

Campbell, Neil A./Reece, Jane B. (Hg.) (2009^{8}): Biologie – Der neue Campbell. München, Pearson Studium.

Glaeser, Georg/Gruber, Franz (2011): Geometrie auf der Erdkugel – ein Plädoyer für den Globus. In: IBDG – Informationsblätter der Geometrie, 2/2011, S. 30–37.

Nultsch, Wilhelm (2012): Allgemeine Botanik. Kurzes Lehrbuch für Mediziner und Naturwissenschaftler. Stuttgart/New York, Georg Thieme Verlag.

Pillwein, Gerhard/Asperl, Andreas/Wischounig, Michael u. a. (2006): Raumgeometrie. Wien, öbv hpt.

Poostchi, Kambiz (Hg.) (2010^{4}): Goldene Äpfel. Spiegelbilder des Lebens. Petersberg, Via Nova.

Schuppener, Georg (Hg.) (2008): Sprache des Rechtsextremismus. Leipzig, Edition Hamouda.

Aufgabe 2: Im folgenden Literaturverzeichnis haben sich acht typische Fehler eingeschlichen. Identifizieren Sie sie!

http://www.ahs-vwa.at/pluginfile.php/30/mod_page/content/167/Handreichung%20zur%20VWA_2016.pdf

Burchert, Heiko/Sohr, Sven (2005): Praxis des wissenschaftlichen Arbeitens. Eine anwendungsorientierte Einführung. Oldenbourg Wissenschaftsverlag.

Corsten, Hans/Deppe, Joachim (2008^{3}): Technik des wissenschaftlichen Arbeitens. München, Oldenbourg Wissenschaftsverlag.

Eco, Umberto (1993^{6}): Wie man eine wissenschaftliche Abschlussarbeit schreibt. Doktor-, Diplom- und Magisterarbeiten in den Geistes- und Sozialwissenschaften. Heidelberg, Facultas Verlag.

Karmasin, Matthias/Ribing R. (2010^{5}): Die Gestaltung wissenschaftlicher Arbeiten. Ein Leitfaden für Seminararbeiten, Bachelor-, Master- und Magisterarbeiten sowie Dissertationen, Wien. Facultas Verlag.

Kremer, Bruno P.: Vom Referat bis zur Examensarbeit. Naturwissenschaftliche Texte perfekt verfassen und gestalten. Berlin/Heidelberg, Springer Verlag 2010^{3}.

Leopold-Wildburger, Ulrike/Schütze, Jörg (2010^{2}): Verfassen und Vortragen. Wissenschaftliche Arbeiten und Vorträge leicht gemacht. Berlin/Heidelberg, Springer Verlag.

May, Yomb (2010): Wissenschaftliches Arbeiten. Eine Anleitung zu Techniken und Schriftform. Stuttgart.

Pandel, Hans-Jürgen/Schneider, Gerhard (Hg.) (2010): Handbuch Medien im Geschichtsunterricht. Schwalbach, Wochenschau Verlag.

Schneider, Gerhard (2010): Die Arbeit mit schriftlichen Quellen. In: Handbuch Medien im Geschichtsunterricht. Schwalbach, Wochenschau Verlag.

Wytrzens, Hans Karl/Schauppenlehner-Lehner, Elisabeth/Sieghardt, Monika u. a. (2009): Wissenschaftliches Arbeiten. Eine Einführung. Wien, Facultas Verlag.

Lösungshinweise:

- 1 Fehler in: **http://www.ahs-vwa.at/pluginfile.php/30/mod_page/content/167/Handreichung%20zur%20VWA_2016.pdf**
  *Hier **wurde nur die URL**, aber nicht der verwendete Text angeführt. Texte aus dem Internet werden aber wie andere wissenschaftliche Aufsätze und Bücher unter Angabe von Herausgeber/-in beziehungsweise Autor/in in der richtigen alphabetischen Reihenfolge angeführt. Auch das Erscheinungsjahr und der Titel sind zu nennen. Außerdem ist bei Internetquellen auch das Datum anzuführen, an dem der Text aufgerufen wurde. Die richtige Quellenangabe lautet also:*
  bmbf (01/2016): Die kompetenzorientierte Reifeprüfung. Vorwissenschaftliche Arbeit. Unverbindliche Handreichung für das Prüfungsgebiet „vorwissenschaftliche Arbeit" (VWA). URL: http://www.ahs-vwa.at/pluginfile.php/30/mod_page/content/167/Handreichung%20zur%20VWA_2016.pdf [04.04.2016].
- 1 Fehler in: **Burchert, Heiko/Sohr, Sven (2005): Praxis des wissenschaftlichen Arbeitens. Eine anwendungsorientierte Einführung. Oldenbourg Wissenschaftsverlag.**